LE FEU
DE LA RIVIÈRE-DU-CHÊNE

Étude historique sur
le mouvement insurrectionnel
de 1837 au nord de Montréal
(1937)

La collection « MÉMOIRE QUÉBÉCOISE »
a été fondée et est dirigée par Gilles Boileau

Abbé Émile Dubois

LE FEU
DE LA RIVIÈRE-DU-CHÊNE

Étude historique sur
le mouvement insurrectionnel
de 1837 au nord de Montréal
(1937)

Texte présenté par
Gilles Boileau

collection
« MÉMOIRE QUÉBÉCOISE »

Méridien
ÉDITIONS DU MÉRIDIEN

Les Éditions du Méridien bénéficient du soutien financier du Conseil des arts du Canada pour son programme de publication.

Données de catalogage avant publication (Canada)

Dubois, Émile, 1882-1951
    Le feu de la Rivière-du-Chêne : étude historique sur le mouvement insurrectionnel de 1837 au nord de Montréal
    (Collection Mémoire québécoise)
    Comprend des réf. bibliogr.
    ISBN 2-89415-234-5

    1. Canada - Histoire - 1837-1838 (Rébellion). 2. Saint-Eustache, Bataille de 1837. 3. Saint-Benoit (Mirabel, Québec) - Histoire - 1837 (Incendie). 4. Incendies - Québec (Province) - Mirabel - Histoire - 19e siècle I. Titre. II. Collection.

FC452.D82 1998   971.03'8   C96-941284-9
F1032.D82 1998

Éditions du Méridien
1980, rue Sherbrooke Ouest, bureau 540
Montréal (Québec) H3H 1E8

Téléphone : (514) 935-0464
Adresse électronique : info@editions-du-meridien.com

Conception graphique et mise en page : Jean Yves Collette
Document de couverture : Combat à Saint-Eustache, le 14 décembre 1837

DISTRIBUTEURS :
Canada :   **Europe et Afrique :**
Messagerie ADP   Éditions Bartholomé
955, rue Amherst   Diffusion Point Social
Montréal (Québec)   16, rue Charles-Steenebruggen
H2L 3K4   B-4020 Liège, Belgique

ISBN : 2-89415-234-5

© Éditions du Méridien 1998
Dépôt légal : quatrième trimestre 1998
Bibliothèque nationale du Québec
Bibliothèque nationale du Canada

PROLOGUE

Avec *Le Feu de la Rivière-du-Chêne,* les Éditions du Méridien lancent une nouvelle collection intitulée « Mémoire québécoise ». En permettant aux lecteurs de redécouvrir le récit des événements de 1837 tel que le fit l'abbé Émile Dubois au moment du centième anniversaire de cette cruelle répression, nous avons voulu contribuer à une meilleure connaissance de notre histoire. Pour nous, « l'histoire n'est pas la branche morte du passé, elle est la racine vivante du présent ».

Publié en 1937, avec toutes les autorisations nécessaires de la hiérarchie religieuse – *nihil obstat et imprimatur* – l'ouvrage de l'abbé Dubois, alors curé de Saint-Jérôme, comportait 15 chapitres et un certain nombre de « pièces justificatives ». Pour respecter les normes et les objectifs de cette nouvelle collection que l'on veut facilement accessible à tous – aux jeunes en particulier – nous nous sommes limités aux chapitres traitant directement des événements survenus à Saint-Eustache et à Saint-Benoît, c'est-à-dire aux passages plus descriptifs qu'analytiques.

La collection « Mémoire québécoise » se consacrera d'une part à la publication d'ouvrages souvent oubliés, méconnus ou devenus difficiles d'accès mais susceptibles de contribuer largement à une meilleure connaissance de notre identité et de notre histoire nationales. Par ailleurs, une très large place sera aussi réservée aux recherches et travaux originaux.

La responsabilité de cette collection a été confiée à Gilles Boileau, géographe, auteur et professeur à l'Université de Montréal de 1963 à 1994. Directeur de la revue *Histoire-Québec*, publication de la Fédération des sociétés d'histoire du Québec, il est aussi le président fondateur des Amis de l'église de Saint-Eustache.

Nota bene

Les textes qui suivent étant des documents historiques, nous avons choisi d'en conserver l'orthographe originale.

AVANT-PROPOS

Le présent travail est le fruit des recherches de vacances d'un professeur d'histoire du Canada en 1920.

Je dois à M. l'abbé Georges Clément, mon compagnon des premiers jours, de sincères remerciements pour l'aide apportée à la transcription de documents, à Ottawa, à Montréal, à Québec et à Saint-Benoît.

Mes remerciements vont aussi à M. l'abbé Lionel Groulx, l'historien bien connu, qui m'a permis de lire ses conférences inédites sur 1837-1838 ; à M. le notaire Girouard, pour son bienveillant accueil à Saint-Benoît, à M. l'abbé Jean-Paul Labelle, mon dévoué vicaire, qui a partagé avec moi la dure tâche de correcteurs d'épreuves, à M. le sénateur Jules-Édouard Prévost, mon paroissien, à l'esprit si ouvert aux plus humbles manifestations historiques ou littéraires, qui veut bien présenter ce travail au public.

Le Feu de la Rivière-du-Chêne ne sera, sans doute, qu'une bien faible contribution à la grande histoire canadienne. Puisse-t-elle n'être pas trop inférieure à l'idéal poursuivi par les patriotes de 1837 et faire naître dans les âmes, en regard de leurs héroïques sacrifices, plus d'amour pour notre langue, nos droits, notre foi et notre patrie canadienne.

ÉMILE DUBOIS, ptre, curé
1937

PRÉFACE
(Extraits)

« Respect à nos grands morts, nous n'en avons pas trop. » Ce mot si juste d'Hector Fabre, je voudrais le placer en manière d'épigraphe en tête de l'ouvrage que M. l'abbé Émile Dubois vient de consacrer aux Patriotes de 1837.

Les troubles de 1837 furent une rébellion et non une révolution. Les rebelles furent des Patriotes et non des révolutionnaires. Les chefs des Patriotes, Papineau et Mackenzie, ainsi que leurs principaux partisans, n'étaient pas des guerriers, mais des hommes d'État pacifiques et loyaux. Ils auraient voulu faire triompher la cause des droits du peuple sans bataille. Cette bataille ne fut qu'un moyen – le plus regrettable – pour les Patriotes de conquérir et d'établir chez nous le gouvernement responsable. Quoi qu'on en ait écrit et dit depuis un siècle, les Patriotes de 1837 n'ont pas eu une autre pensée. Ils se soulevèrent contre le despotisme des autorités locales et le mauvais vouloir du gouvernement de Londres...

Il est nécessaire de connaître et de voir les choses telles qu'elles étaient au Canada, en 1837, pour juger sainement cette époque tourmentée. Sans admettre que la prise d'armes des Patriotes a été un acte sage, raisonnable et prudent, je crois – et le livre de monsieur l'abbé Dubois confirme cette conviction – que l'insurrection des Canadiens en 1837 fut justifiée...

Saint-Jérôme, 27 avril 1937
JULES-ÉDOUARD PRÉVOST

I

L'ORGANISATION RÉVOLUTIONNAIRE
(SEPTEMBRE À NOVEMBRE 1837)

À la fin d'août, la situation devenait inquiétante même aux yeux de Gosford. Une dépêche du 26 dit bien, il est vrai, qu'il ne craint pas un soulèvement populaire, mais elle ajoute que la clique de Papineau est décidée à se séparer de l'Angleterre. Quatre autres dépêches, en septembre, nous révèlent ses alarmes et ses projets. Les assemblées publiques ont cessé, dit-il, pour faire place à des réunions secrètes, à des associations ou comités très dangereux. Papineau a une telle influence sur les députés et le peuple qu'il est dangereux de sévir, et même impossible de faire arrêter et condamner les conspirateurs de Saint-Benoît. Cette espèce de dictature du grand tribun (un vrai cancer au cœur de la province, comme s'exprime un autre correspondant) s'explique surtout par les attaques violentes et injustifiables du parti ultra-tory contre les Canadiens français. Le seul moyen de paralyser les forces des meneurs est de suspendre la constitution. Il craint d'être obligé d'exercer un pouvoir qu'il ne voudrait pas exercer.

Ces attaques violentes et injustifiables dont parle ici le gouverneur ne sont pas seulement celles du passé ; elles se continuaient encore à Québec, à Montréal et dans le coin de terre qui nous occupe, où les bureaucrates et les Anglais se sentaient en force. *Le Populaire,* le *Herald* et d'autres organes du pouvoir appelaient à grands cris des régiments pour écraser les rebelles. En juillet et en octobre, de grandes assemblées constitutionnelles sous la protection de l'étendard britannique et des régiments anglais, sont provocantes. Elles sont suivies de parades de militaires et d'artilleurs pour terroriser la population. Des sentinelles en pleine rue Notre-Dame, à Montréal, se livrent à des voies de faits sur de paisibles citoyens. Les défunts Carabiniers s'exercent sous le nom de « Légion bretonne ». Ils veulent être armés. Un des fiers-à-bras du parti anglais posait au secrétaire de la « Légion bretonne », dans le *Herald,* une série de questions significatives :

- Quand aura lieu la prochaine assemblée pour compléter les listes du district ?

- Le comité s'est-il assemblé pour discuter la demande faite au gouverneur de nous procurer des armes, etc. ?

- La liste transmise sous le titre de « British Rifle Corps » a-t-elle été retenue ou transmise par Son Excellence ?

- Le comité a-t-il fait comprendre à Son Excellence, comme il lui avait été suggéré, la nécessité de placer la grande quantité de poudre, maintenant dans les magasins, sous les soins des militaires ?

- Dans le cas d'un refus de la part du gouverneur d'accorder des armes, le comité se déterminera-t-il à ouvrir des souscriptions pour armer et équiper, disons 1 200 hommes, pour la protection de la cité, sachant que, dans le cas de troubles dans les districts circonvoisins, deux ou trois cents hommes de troupes régulières seraient obligés de se disperser dans les campagnes ?

Note : *Le Canadien* du 29 septembre qui reproduit cette pièce, croit, avec *La Minerve,* qu'elle fut lancée dans le public pour jeter de la poudre aux yeux. Elle peint bien, en tout cas, les procédés du parti de la violence.

Les jeunes gens de langue anglaise ne restent pas en arrière ; ils ont fondé le « Doric Club ». On parle de faire stationner des troupes sur les différents points du pays. Ces prétendus très loyaux sujets sont décidés à des mesures énergiques et à une révolte si on n'écoute pas leurs sanguinaires pensées. Entendez *Le Populaire* avertir l'autorité par cette note peu banale :

Nous savons de science certaine que, si les troupes ne marchent point contre les insurgés, ou réels ou supposés, du Lac des Deux-Montagnes, un grand nombre de Bretons sont décidés, dans quelques jours, d'aller secourir leurs frères et de tirer vengeance éclatante des insultes dont le pavillon et les sujets britanniques sont les objets.

Et cela s'écrivait en juillet. Depuis ce temps, le parti de la violence avait grandi et il voulait du sang. Ces faits ne donnent-ils pas raison à Papineau et à O'Callaghan qui affirment, tous deux, que le mouvement de 37 fut une attaque du gouvernement contre de paisibles citoyens, afin de les pousser, par surprise, à la résistance ? « Les Anglais, écrit Lord Durham dans son rapport, précipitèrent une révolte inévitable, dans la crainte de permettre aux Canadiens de s'y préparer. » Le noble lord croit bien plus à la loyauté des Canadiens français qu'à celle des Anglais. Il a écrit dans son rapport une réflexion dont les événements subséquents sont venus démontrer la grande justesse :

Les loyalistes des Canadas sont composés de la même étoffe que les Anglais, les Irlandais et les Écossais de la Grande-Bretagne, et ils ne se laisseront pas fouler aux pieds pour avancer les vues des hommes d'État sans principes et ambitieux du Parlement impérial. Ils connaissent leurs droits, et ils sont déterminés à les faire respecter – et ils seront respectés et il faut qu'ils le soient – si l'on veut que cette colonie demeure une partie intégrale de l'empire. Si le gouvernement a tremblé sous la force d'une insurrection canadienne, il fera peut-être plus que trembler sous la réalité d'une rébellion des habitants britanniques de cette province. Les autorités impériales ne doivent pas se jouer de leurs sentiments, et le pouvoir qu'ils ont déployé en faveur de la Grande-Bretagne peut être employé contre elle, si les circonstances le requièrent malheureusement.

Jamais, à mon sens, un Canadien français n'aurait pu analyser de cette façon l'âme anglaise et n'aurait osé la stigmatiser avec une telle hardiesse.

Dans la région dont nous écrivons l'histoire, on retrouve des traces de ces violentes manifestations, de ces pervers desseins de tout mettre à feu et à sang plutôt que de céder devant les justes réclamations des Français. L'assistant-shérif en avait fait de belles pour sa part dans sa visite à Saint-Benoît. À qui voulait l'entendre, il annonçait qu'il avait ses poches pleines de mandats d'arrestation; qu'une armée le suivait pour massacrer quiconque s'opposait à ses desseins. On conçoit que de telles visites et de telles paroles n'étaient pas de nature à apaiser une contrée déjà en ébullition. Toute la région d'ailleurs occupée par les loyalistes était en armes et prête à voler au secours du roi. De Hertel, commandant du 2e bataillon des Deux-Montagnes, recruté surtout chez les Anglais, fait savoir à Son Excellence que « ses officiers, sous-officiers, et soldats sont pleins de loyauté et prêts à obéir en tout temps à ses ordres au premier appel qui leur en sera fait ».

Il ne faudrait pas croire cependant que de leur côté les patriotes sommeillaient paisiblement. Ils continuaient leur tactique des mois précédents : faire de l'agitation, soulever les esprits, amener coûte que coûte de nombreux partisans à leur cause, forcer les Anglais et les bureaucrates à céder à leur puissance, montrer une telle ténacité et une telle vigueur dans leurs revendications que l'Angleterre viendra enfin à composition.

* * * *

À Saint-Benoît, à Sainte-Scholastique, à Saint-Eustache, on en venait à des actes publics d'injure à l'autorité religieuse et civile. À la lecture du mandement de l'évêque, à l'occasion du couronnement de la reine Victoria, et au chant du *Te Deum,* des hommes sortirent de l'église. Chénier osa même haranguer la foule après la messe à Saint-Eustache, prétendant qu'on ne doit pas prier pour une souveraine qui laisse subsister dans notre pays de telles injustices et d'aussi criants abus. *La Minerve* et *Le Vindicator* tombaient dans les déclamations les plus exagérées. Les funestes doctrines révolutionnaires trouvaient une apologie. *La Minerve,* en particulier, poursuivit une œuvre blâmable à plus d'un titre. En 1836, elle avait tenté, par l'entremise du Suisse Girod, de faire imprimer par souscription nationale *Les Paroles d'un croyant.* Le livre sortit bientôt de ses presses et, en 1837, il était répandu à profusion dans les campagnes.

Note : Voici un extrait d'une lettre de Mgr Lartigue adressée à Mgr Signay de Québec, le 26 janvier 1836 : Quant aux *Paroles d'un croyant,* il n'est pas surprenant que le protestant Girod cherche à faire imprimer ce livre par souscription ; ce n'est pour lui qu'un *modus vivendi,* dans son état de misère, mais que des catholiques ici se prêtent à cette rébellion contre l'Église, c'est ce qu'on ne saurait assez déplorer.

Les patriotes prétendaient avoir de fortes amitiés aux États-Unis et à Londres. Une dépêche qu'ils venaient de recevoir d'Angleterre les confirmait dans ces idées. Elle entre trop, comme fond et comme style, dans la littérature patriotique de l'époque pour que nous n'en fassions pas connaître aux lecteurs les passages importants. Ce sont les industriels de Londres qui s'adressent « à des amis dans la cause de la liberté, des frères opprimés et des concitoyens vivant dans l'espérance ». Ils félicitent les patriotes de leur noble résistance aux mesures tyranniques et aux décrets de leurs oppresseurs. Ils les engagent à continuer la lutte car « l'expérience dit que la liberté en jupon peut vaincre la tyrannie en cuirasse ».

En avant donc, frères, continuent ces enthousiastes, les grandes lumières du siècle ont assez éclairé les esprits pour faire rougir le soldat britannique qui en est encore au temps où le cri du sauvage, le casse-tête et le couteau étaient les auxiliaires des baïonnettes. La cause de la démocratie triomphe partout et la carrière du despotisme des rois est finie. Il vous faut votre part des biens que vous amassez et des honneurs que se partagent vos ennemis. Ce fut pour nous une joie d'apprendre que les décrets de Gosford ne vous ont pas fait fléchir... Peut-il y avoir rébellion dans un pays, lorsque les libertés d'un million d'hommes y sont foulées aux pieds par la volonté d'une envahissante et méprisable minorité ? Le temps est alors venu où la société dissoute retombe à l'état primitif, plaçant chaque homme dans la position de choisir librement pour lui-même les institutions qui sont le plus en harmonie avec ses sentiments, ou qui lui garantissent le mieux sa vie, son travail et ses possessions...

Canadiens, mes frères, continuent toujours ces ouvriers, ne vous laissez pas prendre par de belles promesses. Fiez-vous à la sainteté de votre cause. Vous avez toute l'approbation de vos frères éloignés. Fiez-vous à vos chefs. Nous augurons votre triomphe. Apprenez à vos enfants à bégayer le chant de la liberté et à vos jeunes filles à repousser la main de l'esclave, et puissiez-vous voir le soleil de l'indépendance luire sur vos cités croissantes, sur vos foyers joyeux, vos épaisses forêts et vos lacs glacés, c'est le vœu ardent des membres de l'Association des Industriels.

Reproduite dans *La Minerve* du 7 septembre 1837, l'adresse portait une douzaine de signatures de graveurs, d'orfèvres, de menuisiers, etc.

Il est bien inutile de faire remarquer aux lecteurs les exagérations de langage et les idées fausses que contient ce document. Il fait peine de constater que *La Minerve* et *Le Vindicator* les font leurs à cette époque. Leurs déclamations outrées poussent les Canadiens à une prise d'armes. Le district du Lac des Deux-Montagnes devint « une nouvelle Vendée » ou une « nouvelle Calabre », le « repaire des brigands » ou le « sanctuaire des libertés », selon ses idées politiques. Le comté des Deux-Montagnes se livra de tout cœur à l'œuvre de son comité et cette œuvre ne peut être qualifiée autrement que de dangereuse. Parlant de la région qui nous occupe, *Le Populaire* du 11 octobre écrivait : « Ainsi voici une partie du pays qui se détache moralement et effectivement du gouvernement. Un comité permanent prend l'administration de la justice et le commandement militaire du Lac des Deux-Montagnes ». Les patriotes, eux, ne voient dans l'œuvre de leur comité que des mesures rendues nécessaires par les destitutions et les démissions volontaires des magistrats et des officiers de milice de leurs villages. Voyons le comité à l'œuvre, nous pourrons ensuite mieux l'apprécier. L'idée de ces comités remonte aux assemblées de Saint-Eustache, en 1827, et de Saint-Benoît, en 1832. Il nous fut impossible de constater le moindre signe de vie de leur part par la suite.

À la grande assemblée de Montréal, le 8 juillet 1834, l'organisation de ces comités se précise. On fonde dans cette ville un comité central permanent. Les députés de chaque comté en font partie. Cela ne devra nuire en rien aux comités régionaux et paroissiaux établis dans chaque comté ou paroisse. Nous voilà en face d'un vaste organisme qui, s'il eût bien fonctionné, pouvait donner aux événements une tournure tout autre que celle qu'ils ont prise. Seul le comité des Deux-Montagnes a fait une œuvre sérieuse. Les citoyens de ce district n'oublient pas de tenir chaque année leur convention. En 1835, en 1836, ils adoptent des résolutions très justes et très modérées qui ont l'honneur d'être citées à l'ordre du jour par *Le Canadien* de Québec. La douzième résolution adoptée à l'assemblée de 1836 suggérait de nouveau des réunions dans les divers comtés. Le comité des Deux-Montagnes se disait prêt à correspondre avec les autres comités et chargeait son président Ignace Raizenne et ses secrétaires J.-O. Chénier et L.-H. Masson de cette fonction.

Ce n'est cependant qu'après la grande assemblée du 1er juin 1837, à Sainte-Scholastique, que le travail du Comité permanent des Deux-Montagnes devient effectif.

Note : Je crois intéresser les lecteurs en publiant la liste des membres de ce comité.

De Saint-Colomban : John Phelan, Daniel Phelan, John Ryan, Patrick Purcell ; de Sainte-Scholastique : Jacob Barcelo, J.-S. Vallée, Dr L. Dumouchel, Eustache James, Édouard Beautronc, Pierre Danis, J.-C. Hawley, M. Rodrigues, père, Noël Duchêneau, Jos. Grenier ; de l'Île Bizard : Thomas Breyer de Saint-Pierre ; de Saint-Eustache : J.-A. Berthelot, Jos. Robillard, J.-Bte Bélanger, Jos. Deschamps, Jacques Dubeau, Dr Chénier, H.-L. Saint-Germain, Émery Féré, J.-Bte Poirier, Ls.-Jos. Ducharmes ; de Saint-Benoît : J.-Bte Dumouchel, Jos. Beaulieu, F.-H. Lemaire, J.-Bte Richer, Louis Coursolles, Dr L.-H. Masson, M. Mongrain, Jos Fortier, Amable Labrosse, James Watts ; de Saint-Hermas : Laurent Aubry, J.-Bte Deguire, Joah Labrosse ; d'Argenteuil, de Chatham et de Grenville : A.-E. Monmarquet, F. Dorion, Jos. Hill, Louis Coutlée.

On peut suivre, mois par mois, ses séances, jusqu'au 5 novembre, date de sa dixième et probablement dernière réunion. Nous signalerons les plus importantes. Dans les deux premières les patriotes s'organisent. Les chefs Girouard, Dumouchel, Barcelo, Chénier, Scott enflamment le patriotisme de ceux qui vont les écouter. Le thème ordinaire des discours ce sont les grandes résolutions adoptées aux assemblées publiques. On tonne contre les décrets de Londres et les abus de l'administration provinciale. On parle de mesures de représailles pour les méfaits commis par les constitutionnels et les soldats contre les Canadiens des villes, des décisions énergiques à prendre pour arrêter une descente des orangistes de Gore et de Chatham.

La troisième séance se tient à Saint-Hermas, le 16 juillet, et apporta un développement nouveau dans la situation du comté. On lut la proclamation du 15 juin, de Gosford, et l'ordre de milice du 21, qui enjoignait aux officiers de la lire à la tête de leurs bataillons. Puis on applaudit aux fiers sentiments contenus dans la lettre du lieutenant-colonel Raizenne, refusant de lire cette prose officielle. On prit connaissance de la lettre de destitution du lieutenant-colonel patriote et on adopta tout de suite trois résolutions qui disent en substance : Raizenne, qui a refusé de lire la proclamation de Gosford, mérite l'approbation de tous ; sa destitution est un acte arbitraire étant donné que la proclamation contient des choses injurieuses et calomniatrices à l'adresse des Canadiens.

Un membre apprend alors à l'assemblée que Son Excellence a offert 100 £ à qui arrêtera celui qui a tiré dans la maison de Cheval ; qu'un détachement de soldats doit se rendre à Saint-Eustache pour appuyer le shérif dans les arrestations projetées. Et l'assemblée en face de ces faits croit bon de déclarer que les dénonciations des Constitutionnels sont la cause de ces actes du gouverneur ; que les délateurs appuyés ainsi par l'autorité veulent « avoir le plaisir de marcher dans le sang canadien » ; que tous doivent se tenir prêts à repousser toute agression. En attendant le comité conseille aux patriotes de souffrir avec patience les injures, les injustices et les calomnies.

L'assemblée se dissout, plus enthousiaste que jamais, et bien décidée à repousser la force par la force. Le secrétaire F.-H. Lemaire est chargé de transmettre aux journaux le compte rendu de la réunion.

Le 13 août, autre assemblée du comité à Saint-Benoît. Le secrétaire communique aux membres la correspondance échangée entre l'autorité et J.-B. Dumouchel et L. Masson. On profite de l'occasion pour stigmatiser les procédés inquisitoires du gouverneur et féliciter chaleureusement les deux patriotes démissionnaires de leur geste d'indépendance. L'assemblée prend connaissance d'une pétition de madame Girouard. Elle a réuni « un groupe de femmes pour prendre ensemble des résolutions à l'effet de concourir, autant que la faiblesse de leur sexe peut le leur permettre, à faire réussir la cause patriotique ». Le comité permanent les approuve pleinement et leur permet de se former en « Association des dames patriotes du comté des Deux-Montagnes ».

La séance de septembre du Comité nous apprend l'existence du « sou de Papineau » : contribution versée par chaque membre pour les frais de l'organisation patriotique. On y vote aussi une adresse de félicitations à N. Morin pour son dévouement à la cause chez les gens de Québec. On décide de payer à même les revenus du Comité les frais occasionnés par les poursuites judiciaires contre François Labelle, Jacques Massie, etc.

Les séances d'octobre méritent de figurer en première place parmi les plus caractéristiques du mouvement insurrectionnel de 1837.

Le 1er octobre, dans une maison de Saint-Benoît appartenant à M. Girouard, sur laquelle on avait arboré un drapeau avec trois têtes de mort encadrées des mots « Conseil législatif », les patriotes se réunissaient pour convenir des meilleurs moyens d'organiser civilement et militairement le comté des Deux-Montagnes. M. Pierre Danis est au fauteuil présidentiel. On discute et accepte six résolutions. Les destitutions des juges de paix et des officiers de milice ont mis les habitants du pays dans la nécessité de prendre des mesures pour la protection de l'ordre et de la paix. Saint-Hermas, Sainte-Scholastique, Saint-Benoît, Saint-Eustache, en particulier, sont entièrement privés de juges de paix, si on excepte John Earle de Saint-Eustache, le principal auteur des violences d'élections, un incapable notoire, entendant à peine le français, dont la nomination récente ne peut être considérée que comme une nouvelle insulte aux sentiments les plus chers des patriotes. En conséquence, vu l'absence de tribunaux protecteurs des intérêts du peuple, l'assemblée recommande plus que jamais la paix, la bonne entente entre tous les réformistes, et, pour maintenir mieux encore cette bonne intelligence, « elle croit devoir dans ces circonstances faire usage de l'autorité que le peuple lui a confiée » pour suggérer et soutenir un nouvel organisme judiciaire. Et la quatrième résolution nous apprend les grandes lignes de cette organisation.

Dimanche, le 15 du mois courant, les habitants des paroisses plus haut nommées se réuniront pour élire des juges de paix et amiables compositeurs. Ces magistrats règleront les différends entre réformistes ; ils seront élus pour un an au moins, et on pourvoira chaque année par le vote à leur remplacement. Tous différends entre réformistes seront portés devant ces juges qui règleront les cas suivant l'équité et leur conscience. Le juge pourra s'adjoindre, pour certaines causes plus graves, d'autres juges. Il y aura appel, si une des parties le désire, de ce juge ou de ces juges au Comité central permanent ; la sentence du Comité central sera sans appel. Les juges de paix pourront accorder aux parties l'avantage d'une décision par jury, de 5 ou 11 membres, mais alors la sentence du jury sera sans appel.

Les juges de paix pourront s'assembler et faire les règlements jugés nécessaires, lesquels seront soumis à la révision du Comité central. Les assignations devant ces tribunaux se feront de vive voix ou par écrit d'un des membres du Comité permanent. Chaque jugement de ces amiables compositeurs sera conservé dans un registre spécial dans chaque paroisse. La justice est gratuite.

Tout réformiste, continue toujours en substance la quatrième résolution, sera tenu en honneur de se conformer aux jugements rendus. Celui qui oserait se soustraire aux dispositions énoncées plus haut, soit en allant porter ses plaintes à d'autres tribunaux, soit en récusant la sentence d'un juge, soit en cherchant à entraver la marche de ce nouvel organisme sera déchu de son titre et de son rang de patriote et exclu de leur société. On affichera son nom à la porte de l'église de sa paroisse et des paroisses voisines de la sienne. Il sera compté à l'avenir parmi les ennemis de notre race.

Le comité des Deux-Montagnes dans les deux dernières résolutions approuvait enfin une autre mesure aussi grosse de conséquences que la précédente : celle de former « dans chaque paroisse des corps de milice volontaire sous le commandement d'officiers élus par les miliciens qui s'exerceront au maniement des armes et aux évolutions et mouvements des troupes légères ». Et le comité central des Deux-Montagnes, qui s'était érigé tout à l'heure en cour d'appel, se donne maintenant des airs d'état-major. C'est à lui qu'on devra soumettre de temps à autre des états de ces corps ; il se charge de son côté de fournir aux miliciens des armes et des accoutrements. Le comité de plus exprime le désir que tous les officiers de milice destitués par le gouverneur ou qui le seront pour cause de patriotisme soient réélus par les miliciens. On décide enfin de transmettre un rapport de cette assemblée aux journaux et au Comité central permanent de Montréal ; le secrétaire, J. Watts, est chargé de cette besogne.

La réunion annoncée plus haut pour créer ces juges populaires eut lieu, en effet, le 15, dans la maison d'un nommé Major, à Sainte-Scholastique, rang Saint-Joachim, sous la présidence de M. Laurent Aubry ; M. O. Chénier en était le secrétaire.

L'assemblée déclare « que le Comité permanent du comté est une autorité légitime émanant du peuple et à laquelle tout réformiste doit référer », et, en conséquence, on procède immédiatement à la création des tribunaux d'honneur et de conciliation ; tous les juges de paix destitués arbitrairement par l'autorité en feront partie.

L'élection donna au comté les juges et amiables compositeurs suivants : pour Saint-Eustache : Émery Féré, William-Henry Scott, Joseph-Amable Berthelot, Jean-Olivier Chénier, Joseph Robillard ; pour Sainte-Scholastique : Jacob Barcelo, Léandre Dumouchel, Louis Dumouchel, Pierre Danis, Louis Rodrigue, Stanislas Vallée, Léonard Fortier ; pour Saint-Hermas : Laurent Aubry, Jean-Baptiste Labrosse dit Lemaire, Antoine Danis, Charles Cabanah ; pour Saint-Benoît : Jean-Baptiste Dumouchel, Luc-Hyacinthe Masson, Amable Labrosse, François Franche, Joseph-Jean Girouard, Maurice Mongrain.

Tout le monde peut saisir, par ces résumés des délibérations du Comité permanent, quelle tournure prenait le mouvement patriotique dans le comté des Deux-Montagnes. Les plus respectables citoyens du district en étaient rendus à croire comme vérité d'évangile les plus funestes et les plus dangereuses utopies de Jean-Jacques Rousseau sur la souveraineté du peuple. En vain Mgr Lartigue, dans son mandement du 24 octobre, leur prêchait la soumission aux autorités constituées et leur mettait sous les yeux les horreurs d'une guerre civile. Un passage surtout du document épiscopal aurait en tout autre temps ouvert les yeux aux plus aveugles.

Ne vous laissez pas séduire si quelqu'un voulait vous engager à la rébellion contre le Gouvernement établi, sous prétexte que vous faites partie du Peuple souverain : la trop fameuse Convention nationale de France, quoique forcée d'admettre la souveraineté du Peuple puisqu'elle lui devait son existence, eut bien soin de condamner elle-même les insurrections populaires, en insérant dans la Déclaration des droits, en tête de la Constitution de 1795, que la souveraineté réside, non dans une partie, ni même dans la majorité du peuple, mais dans l'universalité des citoyens, ajoutant que nul individu, nulle réunion partielle des citoyens, ne peut s'attribuer la Souveraineté. Or, qui oserait dire que, dans ce pays, la totalité des citoyens veut la destruction de son Gouvernement ?

À cette époque de tourmente révolutionnaire la voix de l'évêque resta sans écho ou plutôt elle trouva même des dénonciateurs dans les rangs des patriotes. À une assemblée tenue à Sainte-Rose, pour le comté de Terrebonne, on déclare qu'au peuple souverain est dévolue une part de l'autorité, et que, par conséquent, les autorités religieuses n'ont rien à voir dans les affaires politiques.

Note : Le comté de Terrebonne avait, lui aussi, créé son Comité permanent, dont voici les membres. Terrebonne : F. Coyteux, J.-Bte Roy, Chs. Roy, A. Dumas, senior, P. Auger, Léandre Prévost, F.-X. Valade ; Sainte-Anne : G. Prévost, Jean Henri, Frs Villiot, Louis Bouc ; Sainte-Rose : A. Delorme, Jean-Bte Legault, A. Tassé, J.-M. Seers, L. Charette ; Sainte-Thérèse : M. Rollin, Neil Scott, Dr Lachaîne, André Nadon, père, J. Gratton, F.-J. Sanche ; Saint-Martin : capitaine Descôtes, A.-B. Papineau, L. Verdon, J.-B.-H. Brien ; Saint-Vincent-de-Paul : Dr Pratte, Césaire Germain, Bte Gadbois. Nous n'avons pu trouver aucun signe de vie de sa part au cours de l'été de 1837, si ce n'est ces étonnantes résolutions d'un certain comité de surveillance qui siège à Sainte-Rose chez l'aubergiste Tassé, le 5 novembre (*La Minerve*, 9 novembre 1837).

On proteste énergiquement contre le mandement de l'évêque et le commentaire qu'en a fait M. le curé Turcotte après l'avoir lu. On retrouve des traces de ces violences de langage et de ces insubordinations à Saint-Eustache et surtout à Saint-Benoît où l'abbé Chartier était l'hôte assidu des patriotes.

Les journaux, tel *Le Libéral,* se mirent à publier des jeux de lettres imités des plus mauvais écrits de la révolution française :

Le trône est A.B.C. (abaissé)

Le clergé est D.C.D. (décédé)

Et nous autres E.L.V. (élevés)

Le pays sera en république érigé (E.R.G.), dit le jeu de lettres. Était-ce bien le but des agitateurs ? Il faut bien avouer que l'idée a germé dans plusieurs têtes : que, si quelques chefs ont prétendu n'avoir jamais prêché la révolte ouverte, plusieurs autres, par contre, sonnaient la charge et soutenaient que le temps était venu pour les Canadiens de fondre leurs cuillères pour en faire des balles. « Notre unique espoir est d'élire nous-mêmes notre gouverneur, en d'autre termes, de cesser d'appartenir à l'empire britannique », écrira *La Minerve* à la fin d'octobre. Et d'autres gestes vont se faire et d'autres paroles vont se prononcer, et gestes et paroles concourent à la formation de camps armés et au renversement du gouvernement établi. Que de paisibles citoyens se soient armés pour se protéger contre une descente possible des gens de Gore et de Chatham, armés eux-mêmes, soutenus par la force publique et le pouvoir civil, qu'ils aient formé des tribunaux d'honneur pour régler leurs différends : ce n'est pas en ces faits que je vois de la révolte, si on s'en était tenu là. Mais on ira plus loin. La suite de ce travail le démontrera plus clairement.

Le Comité permanent du comté siégeait toujours. À sa réunion du 5 novembre on lit une lettre de Morin, en réponse à l'adresse qu'on lui a votée il y a quelque temps. Morin approuve les gestes de ses braves amis des Deux-Montagnes, « patriotes si dévoués, dit-il, indépendants, si éclairés, et dont les principes sur l'état et l'avenir du pays s'accordent si bien avec les siens ». Puis le Comité fait siennes les idées énoncées, dont quelques-unes très révolutionnaires, par la grande assemblée des Six comtés confédérés du Sud. Pierre Danis, François Franche, Amable Labrosse, juges de paix récemment nommés par le Comité permanent, annoncent ensuite les succès obtenus par eux dans les règlements de trois différends. Girouard prend la parole et trace les grandes lignes d'un plan d'administration communale pour le comté et suggère des amendements aux lois des tribunaux d'honneur. On décide enfin la formation d'un nouveau comité de « Voies et Moyens » dont les attributions seront d'expédier la correspondance qui requiert « célérité, sûreté et discrétion ».

Et la séance s'ajourne. Il me fut impossible de suivre plus loin son travail. Son organe, *La Minerve,* a disparu le 9 novembre. Et les autres journaux de Montréal et de Québec n'enregistrent, par ci par là, que quelques paroles de protestation sur ses agissements. D'ailleurs les patriotes ont maintenant plus de cachotteries dans leurs procédés. On les accuse de réunions secrètes, de faire prêter des serments aux jeunes gens. Jusque dans les campagnes la jeunesse se forme en associations des « Fils de la liberté ». On s'exerce au maniement des armes sous le commandement de chefs élus par le peuple. Dans une séance tenue chez Barcelo on arbore le drapeau tricolore. On fond des balles chez Berthelot, à Saint-Eustache.

Rien ne pouvait endiguer le mouvement insurrectionnel. Mgr Lartigue avait parlé dignement et fermement dans un document public ; Mgr Bourget ajoutait pour sa part de paternelles exhortations à quelques prêtres de la région. Il encourageait M. Paquin de Saint-Eustache, à détourner les patriotes d'une telle folie ; il essayait de faire comprendre à M. Chartier, de Saint-Benoît, la triste position qu'il avait prise dans le conflit.

J'ai ressenti un profond chagrin, écrit le saint évêque, en voyant que vous vous mettiez au blanc... Vous seriez étonné d'apprendre ce qu'on vous impute, et quels sont les propos que l'on vous fait tenir. En attendant que je puisse librement et amicalement converser avec vous là-dessus, je vous conjure de vous retirer de cette mêlée, et de considérer que vous avez une autre espèce de guerre à faire bien plus glorieuse et plus en harmonie avec les services de votre saint état.

Il revenait à la charge une seconde fois le 15 septembre pour lui dire de nouveau ce que doit être la conduite d'un vrai pasteur. Quelques citoyens des plus en vue de Saint-Eustache tentèrent eux aussi d'apaiser la foule. À la fin d'octobre J.-L. de Bellefeuille et Eugène Globenski adressèrent la parole à leurs concitoyens à l'issue de la messe mais sans succès. Leur bureaucratisme bien connu et, d'autre part, la grande influence des chefs sur la foule détruisent l'effet de leurs sages conseils.

Qui peut opposer à un fleuve qui a rompu ses digues des barrières assez fortes pour le contenir ? Il s'en va mugissant et rageur en face des obstacles ;

il les renverse et ne s'arrête qu'après avoir semé sur son passage la désolation et la mort.

Le cheval qui a brisé son frein s'élance dans l'espace avec toute l'impétuosité d'une nature longtemps contrainte et enchaînée. Il hennit à tout vent qui passe et fuit, crinière déployée, par monts et par vaux, libre de ses gestes, fier, indépendant. Il n'entend plus la voix de ses maîtres ; bien plus ces voix autrefois aimées et écoutées ne font que l'exciter davantage. Il court follement, les flancs blancs d'écume, quelquefois jusqu'au précipice où l'attend la mort.

On n'éteint pas d'une seule parole et d'un seul geste l'incendie d'une forêt. Il s'avance au flanc des monts, escalade les pics hardis, contourne les baies des lacs, franchit les rivières et les étangs. Il sème le deuil sur sa route ; on peut le suivre aux ruines qu'il accumule.

Ce fut bien l'histoire de notre insurrection canadienne. Heureux encore que Dieu dans sa miséricorde ait fait pousser plus abondants les fleurs et les fruits là où l'homme avait semé la mort !

C'est sur ces rumeurs de guerre que commence novembre dans le comté du Lac des Deux-Montagnes et que se termine la première partie de notre travail. Le comté va se transformer en un champ de bataille. De côté et d'autre on se serre autour des chefs, on se retranche dans des camps armés. Puis finalement, chefs et armées en viendront aux prises dans l'historique combat du 14 décembre, à Saint-Eustache.

II
PATRIOTES ET CONSTITUTIONNELS
(NOVEMBRE 1837)

«Nous savons que Papineau a résolu de porter son quartier général d'insurrection dans cette partie du pays. La session terminée il viendra prendre la direction du Lac-des-Deux-Montagnes comme chef d'un gouvernement provisoire», écrivait *Le Populaire* du 28 août. Or nous sommes en novembre, et Papineau qui vient de terminer sa tournée oratoire à travers le pays par un grand triomphe à Saint-Charles, le 23 octobre, goûte un peu de repos à son domicile, à Montréal, et ne paraît pas se préoccuper outre mesure de son quartier général et de son nouveau titre de chef d'un gouvernement provisoire. Mais depuis longtemps déjà, en novembre surtout, *Le Populaire,* et d'autres feuilles, anglaises celles-là, voyaient rouge et s'attaquaient sans ménagement à tous ceux qui ne partageaient pas leurs idées.

La peur leur fait grossir les événements, et les incidents les plus banals deviennent des gestes révolutionnaires. Ainsi, dans les premiers jours de novembre, on a aperçu quelques attroupements aux alentours de Chambly, de Saint-Jean et de l'Île-aux-Noix. Tout de suite, un nommé Hatt qui craint pour ses moulins, fait rapport qu'une troupe d'insurgés s'était emparée du fort de l'Île-aux-Noix et menaçait de se rendre maîtresse de toutes les places fortes du Richelieu. Waterwall est immédiatement délégué sur les lieux et il constate, à sa grande surprise, que l'Île-aux-Noix est encore aux mains des Anglais, que Chambly et Saint-Jean sont debout et parfaitement tranquilles. « On entend bien, dit-il, dans sa lettre à Gosford, de vraies rumeurs d'intentions qui se terminent comme pour l'enfant qui crie au loup. »

Montréal est sous le coup d'une telle émotion qu'il passe des nuits sans sommeil. On craint de jour en jour l'arrivée de l'armée des « bonnets bleus » qui s'exerce et s'organise dans le nord. Les journaux constitutionnels n'ont pas assez de leurs colonnes pour peindre l'imminence du danger et lancer des appels aux armes pressants. La force militaire, à leur gré, tarde trop à marcher contre les repaires des brigands dans le nord et dans le sud. En attendant, les plus fanatiques de leurs partisans sont d'une audace et d'une violence inouïes, dans les villes surtout. En pleine rue Notre-Dame, à Montréal, de paisibles citoyens subissent les interrogatoires arrogants des sentinelles anglaises et plus d'une fois sont insultés grossièrement. On signale même de brutales agressions sur de bons bourgeois. Le 6 novembre éclate une bagarre sanglante entre les Fils de la Liberté et les jeunes gens du Doric Club. Ces derniers ont l'appui de l'Armée.

Aussi Gosford ne craint nullement pour la sécurité de Montréal. Il écrit le jour même du conflit : « Il n'y a pas lieu de craindre pour la sûreté de Montréal. La grande masse des habitants sont des constitutionnels, ainsi qu'ils s'appellent, tout en étant aussi violents que le parti opposé. Mais ils sont mieux organisés que les patriotes qui ne commenceront jamais la rébellion dans la ville. » « La violence de parti existe à un point lamentable », écrira de nouveau le gouverneur le 1er décembre, et il ajoutera cette phrase surprenante : « Quelques-uns sont enclins à encourager les émeutes. » Et parmi ces quelques-uns il faut certainement placer les auteurs de l'émeute du 6 novembre, et ceux qui ont attaqué la résidence de Papineau. « Où sont donc les carabins, s'écriait le *Herald,* où est la garde aux manches de hache ? Où est ce

Doric Club qu'on avait l'habitude de voir chaque fois qu'il s'agissait de défendre la constitution et l'honneur britanniques ? Jusques à quand laisserons-nous faire ces scélérats révolutionnaires ? » Voilà bien le langage de scélérats révolutionnaires qui déshonorent le nom britannique.

Et des actes semblables de violence et de dénonciations calomniatrices se retrouvent dans le district des Deux-Montagnes. Une lettre de M. le curé Bonin à l'évêque de Montréal, le 14 février 1838, nous apprend qu'il a empêché un guet-apens odieux de réussir, le 2 novembre, à Sainte-Scholastique ; « un véritable coupe-gorge, dit-il, qui allait se faire devant l'église, monté par quelques chouaguens ». Le lendemain, à une lieue de son village, ces prétendus loyalistes en viennent aux prises avec des habitants, dans un petit combat occasionné par leurs discours méchants. « Et l'auteur de ces rencontre armées, ajoute M. Bonin, loin d'apaiser le feu avec moi, le ralluma plus fort. » William Snowdon, de Belle-Rivière, persécute sans trève les patriotes. Sa position de juge de paix lui permet d'exercer impunément d'odieuses vengeances.

L'abbé Chartier signale, lui aussi, les violences des bureaucrates de Saint-Benoît. Il supplie même son évêque, nous l'avons dit plus haut, d'intervenir auprès des autorités civiles pour faire cesser les procédés hautains, et les menaces non déguisées de certains juges de paix et des shérifs. Le distingué curé de Sainte-Thérèse, M. Charles Ducharme, note, comme ses confrères, les violences des Anglais de sa paroisse. « Quoique j'aie fait mon possible pour maintenir ma paroisse dans la tranquillité, nous n'avons pas laissé que d'être sur le point de voir de grands malheurs parmi nous. » Les patriotes ont fait arrêter et jeter en prison madame Prévost, l'héroïne du mois de juillet, qui les a menacés de son pistolet à la suite d'un discours à la porte de l'église de Sainte-Scholastique.

Les constitutionnels de Saint-Eustache, eux, se tiennent en rapport constant avec l'autorité civile et militaire de Montréal. Rien des agissements des patriotes ne leur échappe. Ils peignent sous les couleurs les plus sombres, les gestes des rebelles. Leurs dénonciations exagérées précipitent les événements et jettent l'armée dans le conflit. Colborne, avec l'autorisation de Gosford, a demandé de nouveaux régiments au Nouveau-Brunswick ; il a fait venir des troupes du Haut-Canada. Le Procureur général est arrivé à Montréal avec ordre d'organiser une forte police. Il a tout pouvoir d'arrêter les officiers militaires étrangers que l'on découvrirait s'occuper d'exercices militaires criminels.

À la même date, 6 novembre, l'autorité civile et militaire a organisé un vaste système d'espionnage pour obtenir des renseignements précis. Elle tire pour cette fin de la caisse militaire la somme de 2 000 £.

Déjà sur les différents points du pays stationnent des réguliers. Le 24e régiment est à Carillon et à Saint-André. Tout Glengarry désire s'unir à lui pour marcher contre les rebelles. Du 8 au 10 novembre on recrute des volontaires à Montréal sous le commandement du lieutenant-colonel Dyer et du major Louis Guy. Ces corps comprendront dix compagnies de 80 hommes chacune. L'une d'elles, recrutée dans la région des Deux-Montagnes, sera commandée par Maxime Globenski, aidé des officiers Bazile Choquette, Eustache Mackay et Cheval, de Saint-Eustache. Jour par jour, les journaux signalent l'arrivée des troupes et désignent les régiments : les 85e, 65e, 15e, 1er, 32e, en tout un effectif de 3 000 hommes. Les volontaires se donneront les noms de Fusiliers royaux, Carabiniers, Dragons légers de la reine. C'était une force imposante, qu'on ne manquait pas de faire parader souvent dans les rues de la ville pour en imposer à la populace.

On arme aussi des volontaires dans les campagnes. On n'ose pas se fier aux militaires enrôlés d'après les lois de milice du pays : ce sont des corps de volontaires spécialement formés pour la circonstance, des plus loyaux sujets de Sa Majesté. Quelques-uns s'organisent du côté de Berthier, d'autres à Longueuil, d'autres à Saint-Martin à la demande du capitaine Bélanger, d'autres enfin, et ce sont les plus nombreux, à Vaudreuil, plus de 200, et à Carillon, près de 400, sous les ordres du capitaine Mayne des Royaux. C'était plus que suffisant pour tranquilliser les plus timides constitutionnels et terrifier les plus audacieux patriotes.

Et pourtant un nommé McDougall, de Londres, à deux reprises, pressait le ministre des Colonies d'organiser le Canada contre les rebelles. Il est convaincu, pour sa part, qu'une rupture va s'opérer entre le Canada et l'Angleterre, s'il n'est pas adopté les plus prompts moyens de défense contre un parti révolutionnaire. « Il est permis, conclut-il avec amertume, au parti rebelle de s'organiser et de s'armer, tandis qu'on défend aux partisans de la constitution d'organiser des compagnies de volontaires. » Nul doute que le cher homme ne connaissait pas les mesures prises par Colborne et Glenelg pour la protection des constitutionnels ! il termine sa lettre par une réflexion qui nous en dit long sur la loyauté de ces très loyaux sujets anglais du Canada : « Le parti constitutionnel canadien est décidé à ne jamais se soumettre à rien de ce qui peut ressembler au républicanisme français. Plutôt que de s'y soumettre il cherchera l'union avec les États-Unis. »

Un autre Anglais de Londres, Gillespie, tout en rendant plus de justice aux patriotes empoisonnés, prétend-il, par les doctrines de Papineau insiste lui aussi auprès de Glenelg, et à quatre reprises différentes en novembre, pour l'envoi de renforts militaires. Comme si les troupes déjà cantonnées au Canada ou en route pour notre province, n'étaient pas suffisantes pour manger tout vifs les quelques milliers de rebelles sans armes et sans expérience militaire !

Évidemment on veut faire les choses royalement. Le parti anglais d'ailleurs n'avait pas confiance en Gosford et craignait qu'il ne montrât pas l'énergie voulue par les circonstances. Des correspondants de Montréal le desservaient assidûment à Downing Street. Gillespie et McDougall, leurs agents à Londres, étaient chargés de nous noircir auprès des ministres et de leur arracher des mesures extrêmes.

Disons aussi, pour être juste, que les menées des patriotes, en novembre, pouvaient donner de sérieuses inquiétudes à l'autorité. On connaît les batailles de Saint-Denis et de Saint-Charles, les

22 et 25 novembre. Dans le district des Deux-Montagnes tout le mois se passe à organiser des camps armés. Il fallait aux patriotes des chefs, des soldats, des armes et des munitions. Ils vont se nommer des chefs, racoler des partisans de gré ou de force, se procurer par tous les moyens possibles des vivres, de la poudre et des fusils.

Jean-Joseph Girouard ne paraît pas avoir trempé, du moins publiquement, dans l'organisation militaire du district. Il n'acceptera aucun grade dans l'armée patriote. Il reste bien quand même le chef le plus influent du comté. Il est député ; il connaît bien nos griefs et les expose avec une chaleur et une conviction qui remuent les auditeurs. Sa profession de notaire lui permet aussi de faire rayonner son influence en dehors de sa petite patrie, Saint-Benoît. L'homme était doué d'un bon jugement, d'une droiture d'âme que la moindre injustice révolte. Et ceci explique qu'il ait bondi d'indignation en voyant ses concitoyens maltraités par l'Angleterre. S'il est vrai, comme il l'a toujours prétendu, qu'il n'a jamais voulu la révolte ouverte contre le pouvoir établi, n'empêche que certaines de ses démarches et quelques-uns de ses discours sonnaient furieusement la charge.

Un fait qui honore M. Girouard, c'est la confiance que lui a témoignée à plusieurs reprises Mgr Lartigue.

L'évêque de Montréal loue le zèle inlassable qu'il déploie pour la cause de l'éducation. Lors même que Sa Grandeur se croit en droit de lui reprocher une précipitation scandaleuse au sujet du bill des écoles normales, elle ne manque pas de signaler la parfaite droiture de ses intentions.

L'homme sans doute n'était pas sans défauts, et comme tant d'autres bien intentionnés, à cette époque, il soutenait certaines idées risquées sur l'éducation et la souveraineté du peuple. Mais il méritait sûrement d'être mieux qualifié qu'il ne le fut par un ami du pouvoir. Girouard n'était ni un Rousseau ni un lâche. En 1846, Sir Charles Bagot le jugeait digne d'entrer au ministère avec Lafontaine. Le gouvernement louait sa popularité et sa gentilhommerie. Girouard, qui n'avait jamais aimé paraître sur la scène publique, refusa et finit ses jours en faisant du bien à ses concitoyens de Saint-Benoît. Son nom est encore en grande vénération dans sa paroisse, et l'Hospice d'Youville, bâti en grande partie à ses frais, nous dit les vertus de cœur de ce bon Canadien.

À côté de M. Girouard, à toutes les assemblées patriotiques, on retrouve William-Henry Scott, député du comté. Il réside à Saint-Eustache et possède une belle fortune, et ce qui lui vaut mieux, une renommée de parfait gentilhomme. Écossais d'origine, il épouse quand même tous nos griefs. Scott était fait pour la bataille. Une démarche hardie, une large tête recouverte d'une chevelure noire, un front bien développé, un œil brillant : tout annonçait en lui un homme aux idées bien arrêtées. Il fut un des organisateurs du parti patriote à Saint-Eustache, et accepta le titre de colonel dans le bataillon des rebelles. Si on ne le trouve pas les armes à la main au jour du combat, c'est qu'il blâmait alors la prise d'armes. Il essaya, dans les premiers jours de décembre, avec son concitoyen Émery Féré, d'arrêter la fougue des patriotes, mais ses paroles se perdirent dans la tourmente révolutionnaire. Il dut en subir, comme son ami d'ailleurs, les amères conséquences.

Autour de ces deux grandes figures du mouvement insurrectionnel dans le comté s'agitent des chefs locaux plus actifs, plus hardis et plus violents que leurs supérieurs.

À Saint-Benoît, c'est le Dr Luc-Hyacinthe Masson, le secrétaire des grandes réunions patriotiques, le porte-parole du comté à l'assemblée de Vaudreuil, le 6 août 1837, et son frère Damien. Tous deux de solides gars, aux caractères énergiques et à la fierté légendaire ; tous deux bien vus et respectés des Canadiens. Luc deviendra quartier-maître du camp des rebelles à Saint-Benoît,

Damien, lieutenant de l'armée de Girod. C'est encore Jean-Baptiste Dumouchel, aux manières polies, à l'hospitalité proverbiale ; un vrai type d'ancien Canadien, gai, serviable, vertueux. Avec ses deux fils, Hercule et Camille, on le retrouve à toutes les assemblées patriotiques. Il reçoit le grade de capitaine des insurgés.

C'est enfin l'abbé Étienne Chartier. Le curé de Saint-Benoît, en 1837, ne manquait pas de talents ni d'activité. Mais il semble avoir un penchant très prononcé à s'immiscer dans toutes les questions brûlantes de l'époque. Déjà, quand il était directeur du collège Sainte-Anne, dans Québec, les autorités religieuses ont eu maille à partir avec lui. Mgr Lartigue ne l'accepte dans Montréal, en 1835, qu'à condition qu'il renoncera à ses idées sur l'inamovibilité des cures et le bill des notables, et qu'il cessera de se mêler des luttes entre l'Exécutif et la Chambre d'assemblée. Il signe au *Canadien* de novembre 1836, du pseudonyme de Canadien catholique, des articles que son évêque voit d'un très mauvais œil. Mgr Lartigue l'appelle ni plus ni moins « un esprit croche ». Curé de Saint-Benoît depuis 1835, il contribuera pour une grande part à soulever sa paroisse contre le gouvernement. Dans les premiers jours de décembre il tient des assemblées patriotiques à son presbytère, il parle aux patriotes de Saint-Eustache et visite leur camp, le 12 décembre. Il presse ses paroissiens de travailler aux retranchements et leur en donne l'exemple. L'abbé Chartier avait de réels talents. Il parlait bien, et savait tenir la plume. Ses manières étaient nobles et polies. Il sut expier, et humblement, et magnanimement, dans sa vieillesse, les excès de ses premières années de sacerdoce.

À Saint-Eustache travaillent aussi à l'œuvre patriotique un fort groupe d'officiers non moins violents. Nommons les sergents, élus du peuple, Joseph Guitard, François Cabana, Luc Langlois ; les capitaines Joseph Robillard, Joseph Deslauriers et Jean-Baptiste Bélanger ; le quartier-maître François Danis ; le colonel Jean-Olivier Chénier et le général Amury Girod.

Note : Nous avons pu reconstituer, sans trop d'oublis, croyons-nous, les cadres de l'armée de Girod, grâce aux riches papiers du notaire Girouard, aux nombreuses lettres publiées dans *La Rébellion de 1837,* par Globenski et aux *Rapports sur les pertes de 1837-1838.*

Les premiers étaient d'honnêtes cultivateurs, de sincères et ardents patriotes. Ils prendront part à la bataille du 14 décembre, quelques-uns seront tués et d'autres, faits prisonniers. Les deux derniers méritent une note spéciale, à cause de l'influence qu'ils ont exercée sur le mouvement insurrectionnel et dans le but de mettre au point bien des opinions émises sur leur compte.

Chénier était médecin et vivait à Saint-Eustache depuis l'époque de son mariage avec la fille du Dr Labrie, en 1831. Il fut incontestablement l'âme de l'organisation militaire du comté. Il était robuste de corps, fier et tenace de volonté. Aussi rien ne put l'arrêter dans son œuvre, ni les exhortations de son curé, ni les menaces anglaises, ni les défenses épiscopales. On le voit à toutes les réunions révolutionnaires ; il représente le comté des Deux-Montagnes à la grande assemblée de Saint-Charles, dite des Six comtés confédérés. À Sainte-Scholastique, le 1er juin, il prononce ces paroles : « Ce que je dis, je le pense et je le ferai ; suivez-moi et je vous permets de me tuer si jamais vous me voyez fuir. » On peut reprocher à l'homme de l'exagération dans ses idées, un entêtement aveugle, de l'imprudence, de folles exaltations, mais sûrement pas de manquer de patriotisme et de sincérité. Il va mourir les armes à la main pour défendre la cause qu'il avait soutenue toute sa vie. Sans lui attribuer toutes les qualités des chevaliers du Moyen Âge et lui prêter une figure de maréchal de France, ne faisons pas de lui un imbécile, un jaloux, un fanatique. Blâmons les excès de son patriotisme, mais respectons les qualités de cœur et d'esprit de ce fier citoyen.

La défaite des insurgés dans le sud pousse vers Saint-Eustache, à la fin de novembre, quelques nouveaux organisateurs : de Montréal, les deux Delorimier et les avocats Féréol Peltier et Richard Hubert ; de Saint-Martin, le Dr Brien et le notaire Papineau ; et enfin, de l'île Sainte-Thérèse, Amury Girod, qu'on va nommer généralissime des forces insurrectionnelles dans le comté des Deux-Montagnes. Triste sire que ce Suisse huguenot, arrivé au pays à peine depuis dix ans ! Girod se vantait d'avoir fait la campagne du Mexique et, à la pointe de son épée, d'y avoir conquis le grade de lieutenant-colonel. Il parlait bien l'espagnol, l'italien, l'allemand et le français. En 1831, il est à Québec et écrit au *Canadien* de nombreux articles sur l'agriculture, l'éclairage au gaz, les mathématiques, l'éducation.

L'aventurier gagne ainsi les bonnes grâces de son protecteur, François Perreault, et l'engage à fonder une ferme de démonstration et à lui en confier la direction. Ce fut un fiasco complet. Girod quitte précipitamment Québec, chargé de dettes et d'ingratitude envers son bienfaiteur et vient s'échouer à Varennes. Son caractère astucieux et rampant lui acquit les sympathies de M. Ainse, seigneur du lieu, dont il épouse la fille. C'est de l'île Sainte-Thérèse, que sa femme lui apporte en dot, que va le tirer la révolution. Il parle à toutes les assemblées patriotiques. Il prend part à la rencontre sanglante entre les Fils de la Liberté et le Doric Club. Il est brutal, agressif, violent, ne rêvant ni plus ni moins que de renverser le trône et l'autel.

Le 20 novembre 1837, on signale son passage à Sainte-Rose, où il a donné aux habitants les conseils les plus atroces. Le *Canadien*, à cette occasion, souhaite qu'on arrête au plus vite un être si abject pour l'expédier hors de la province. À l'éditeur du *Populaire*, qui a annoncé sa fuite vers le nord, il écrit le 29 novembre une lettre arrogante pleine de bravades : « Votre numéro de lundi dernier, dit-il, contient plusieurs faussetés sur mon compte. Vous dites que j'ai pris la fuite : M. le procureur général vous dira que le 13 il a reçu une lettre de ma part, l'informant qu'ayant appris que notre gracieux petit bonhomme du Château Saint-Louis voulait m'accorder logis et pension aux frais de la reine, je ne pouvais me résoudre à partager le gâteau fait avec les argents volés au public ; mais que si Son Excellence avait absolument besoin de moi, je la prierais de me le faire signifier par votre sublime journal, et que je lui ferai une visite le plus tôt possible... »

Comment ce chevalier d'industrie a-t-il pu parvenir à s'imposer aux chefs du comté des Deux-Montagnes ? Mystère ! Aidé des jeunes de Montréal et de Saint-Martin, nommés plus haut, tous des membres des Fils de la liberté, plus ardents que réfléchis, Girod va exercer dans la région une grande et très néfaste influence, qui ne sera dépassée que par sa lâcheté au jour du combat. Il commande en empereur à Saint-Eustache et se fait servir en pacha. L'avocat Hubert est son aide de camp. Il exige les honneurs dus à son haut grade : on ne l'aborde qu'après force révérences et tous ne l'appellent jamais autrement que M. le Général.

Avec un tel chef on comprend ce que peuvent faire des hommes aux esprits déjà fortement surexcités. Novembre fut le mois de la terreur dans Deux-Montagnes. Les chefs lancent dans les rangs et jusque dans les villages reculés des bandes indisciplinées qui racolent des partisans, pillent les fermes et les magasins. Un pamphlétaire du temps nous dépeint ces gens habillés d'étoffe du pays, tuque bleue sur la tête, les menaces les plus exagérées à la bouche. Ils écoutent sans réfléchir des officiers qui, armés de pistolets et sabres aux côtés, les cheveux taillés en Têtes-Rondes, coiffés de chapeaux à la O'Connell, vont partout soulevant les passions populaires.

Des orateurs parlent les dimanches aux portes des églises, à Saint-Eustache, à Sainte-Scholastique, à Saint-Benoît. Leurs discours sont d'une grande violence. Ainsi, le 18 novembre, à Saint-Eustache, Scott et Chénier n'ont pas de termes assez durs pour qualifier le gouverneur et ils prétendent que le temps est venu de se faire justice soi-même puisqu'il n'y en a plus à attendre d'un gouvernement corrompu. Girouard et Masson en termes plus polis énonçaient les mêmes idées à Saint-Benoît. On signale le passage des agitateurs à Sainte-Anne-des-Plaines et à Terrebonne où ils font des adeptes à leur cause en retour des plus trompeuses promesses. On force les gens à se rendre aux comités révolutionnaires. Le 17 novembre *Le Populaire* écrit qu'une bande de huit agitateurs ont fait une tournée chez tous les habitants ; ils disaient à chacun qu'il fallait se rendre à l'assemblée ou qu'on s'en souviendrait. Les magasins des loyaux, les fermes des Anglais et des bureaucrates reçoivent fréquemment des visiteurs nocturnes.

Une lettre parue au *Populaire* du 29 novembre annonce que le règne de la terreur est commencé. Les pillages se poursuivent sur une grande échelle. « Si le gouvernement, conclut le journal, laisse exécuter de semblables exactions, le comté du lac des Deux-Montagnes deviendra bientôt une nouvelle Calabre, où les brigands établiront leurs bureaux de douane pour détrousser les passants. » Quelques jours plus tard, la même feuille loyaliste raconte avec force détails les maraudages des patriotes et elle ajoute :

Les avocats Peltier et Hubert, de Montréal, sont parmi ces brigands, ils portent longue barbe, probablement pour ne pas laisser apercevoir la honte qu'ils doivent avoir de faire un semblable métier. Les Scott, les Girouard, les Dumouchel, les Chénier, les Barcelo et une infinité d'autres commandent le désordre et l'infamie. On a enjoint aux différents meuniers de la famille Dumont de ne délivrer des grains que sur l'ordre des chefs de la révolte. Ces monstres parcourent les côtes à cheval, armés de fusils, de pistolets, de sabres, enlevant les grains qu'ils trouvent et forçant les cultivateurs à battre pour leur compte.

La feuille loyaliste met trop d'ardeur et trop de passion à flageller ses adversaires pour ne pas mériter d'être taxée d'un peu d'exagération. L'histoire doit cependant blâmer les patriotes de nombreux et réels excès. M. Paquin lui-même les signale dans ses écrits et Mgr Lartigue dans une lettre à l'évêque de Québec parle, lui aussi, « des vagabonds de Saint-Benoît et de Sainte-Scholastique qui pillent et volent partout. Ils vont jusqu'à enlever le plomb de la couverture d'une église pour en faire des balles ».

La situation devenait intenable pour les loyalistes du comté. Les familles McColl, Inglis, Dumont, Davis, Globenski, Cheval et une quarantaine d'autres ont pris le chemin de Montréal. Leurs plaintes allaient trouver un écho auprès du gouverneur lui-même qui cède de plus en plus en face de leurs tristes situations et, surtout, de leurs menaces non déguisées. Le 6 novembre, Gosford écrit à Glenelg que le but des révolutionnaires lui paraît maintenant évident : renverser le gouvernement établi.

Les patriotes au moyen d'un système de terrorisme et de maraudages nocturnes ont forcé les loyaux à chercher un refuge dans les villes. Il envisage quand même avec une extrême répugnance l'obligation de recourir à des opérations militaires. À la même date une nouvelle dépêche décrit sa position critique : il est placé entre Charybde et Scylla, avec les démolisseurs de Papineau d'une part et le parti anglais de l'autre, et il ajoute au sujet de ce dernier : « Ce parti vous déteste tous comme le diable déteste l'eau bénite ». Le 9, il raconte, visiblement dégoûté, la rixe sanglante qui a éclaté à Montréal. Les deux partis sont très excités, dit-il, et il faudra une grande prudence pour éviter d'autres conflits. Le 14, Gosford demande son rappel. Si l'on doit adopter des mesures de rigueur à l'égard de la province, le ministre des colonies croira mieux sans doute d'en confier l'application à d'autres qu'à lui, attendu qu'il s'est en quelque sorte engagé à suivre une politique de douceur.

Gosford, on le voit, se sent débordé ; l'autorité militaire l'emporte. Le parti de la violence triomphe avec Colborne. L'indécis gouverneur, comme on s'est plu à le peindre, va adopter une mesure d'une extrême rigueur. Il lance les célèbres mandats d'arrestations contre 26 personnes. Il enjoint aux magistrats de les amener devant les tribunaux sous accusation « de haute trahison ».

Dans le district qui nous occupe, Girouard, Scott, Girod, Chénier figurent sur cette longue liste de traîtres. Gosford autorise Colborne à appuyer de ses régiments les shérifs porteurs de mandats. C'était occasionner des résistances armées. On sait aussi que les troupes s'y heurtèrent, sur le chemin de Chambly d'abord, puis surtout à Saint-Denis et à Saint-Charles.

Le 22 novembre le gouverneur apprend à Glenelg le résultat de ses mesures de rigueur. Des

26 accusés, neuf seulement ont été arrêtés, deux ont été délivrés par les patriotes. Il espère bien cependant qu'avec les nombreux armements qui se font tout rentrera dans l'ordre.

Une première dépêche du ministre des colonies à Gosford, datée du 27 novembre, lui apprend, en termes polis, que sa démission est acceptée. La ligne de conduite à tenir au Canada le sera d'une façon plus convenable par un autre. Il faut réaffermir la suprématie de la loi et imposer confiance aux gens bien disposés. C'est Colborne qui sera chargé de cette œuvre. Une autre lettre datée de Londres du 23 décembre notifie officiellement au gouverneur qu'il est déchargé de l'administration du Bas-Canada. Mais on sent bien, depuis le 14 novembre, qu'il laisse prendre un ascendant marqué à l'autorité militaire. Aussi, à la fin de novembre, d'autres mesures de rigueur signaleront son règne.

Les magistrats du district de Montréal, par une solennelle proclamation, avertissent les citoyens du Bas-Canada des dangers qu'ils courent et de la punition qui va les frapper s'ils continuent une lutte aussi violente qu'inégale. L'adresse rappelle les derniers événements : on a tiré sur des officiers de justice dans l'accomplissement de leur devoir, on a libéré des prisonniers.

Ce ne sont pas vous, habitants des campagnes, hommes naturellement paisibles, qui avez volontairement mis obstacle à la justice ; mais ce sont des hommes perfides qui ont poussé quelques individus isolés à commettre des actes indignes de ceux qui savent respecter la paix publique et les lois.

Les magistrats, après avoir exhorté tous les citoyens à rentrer tranquillement dans leur foyer pour y jouir de la paix à l'ombre du drapeau britannique, concluent leur proclamation par cette menace :

Si nos voix étaient méconnues, si la raison tardait à se faire entendre, il est encore de notre devoir de vous avertir que la force militaire ou l'autorité civile ne seraient point outragées impunément et que la vengeance des lois serait aussi prompte que terrible. Les agresseurs deviendraient les victimes de leur témérité et ils ne devraient les malheurs qui fondraient sur leurs têtes qu'à leur propre entêtement. Ce ne sont point ceux qui vous poussent aux excès qui sont vos véritables amis. Ceux-là vous ont déjà abandonnés et vous abandonneraient encore au moment du danger, tandis que nous, qui vous rappelons à la paix, nous pensons être les plus fervents serviteurs de notre pays.

L'adresse des magistrats fut répandue à profusion dans les campagnes du nord. Un ordre général de milice, signé du député-adjudant général, John Eden, l'appuyait. Avis était donné aux officiers de milice de la faire circuler partout. Eden profitait aussi de l'occasion pour avertir les habitants que les troupes envoyées dans les campagnes avaient pour mission de protéger les loyaux sujets et qu'elles traiteraient cependant avec la dernière rigueur ceux qui seraient trouvés les armes à la main, sans autorisation.

Note : L'adresse des magistrats est citée en entier dans *Le Populaire* du 24 novembre ; elle est signée de MM. D.-B. Viger, P. de Rocheblave, Louis Guy, Édouard Leprohon, Étienne Guy, P.-E. Leclerc, William Donnegani, Charles Rodier, Alexis Laframboise, Jules Quesnel, Félix Souligny, P.-J. Lacroix, H.-E. Barron.

Que n'a-t-on suivi dans le district des Deux-Montagnes ces sages conseils ? Quelle terrible responsabilité repose sur la tête de ceux qui, au mépris des avis de la magistrature, des autorités civile, militaire et religieuse, conduisirent ces bandes indisciplinées à une véritable boucherie !

D'ailleurs les événements de la fin de novembre prêchaient aux révoltés du nord la folie de leur équipée. Papineau et Nelson en fuite, Morin et Viger arrêtés, leurs frères massacrés à Saint-Charles après leur facile victoire de Saint-Denis, la terrible et inhumaine vengeance de Gore, de Wetherall et de Colborne sur les villages du Richelieu, la défection d'un certain nombre de leurs meilleurs lieutenants : c'était plus que suffisant pour les amener à écouter le langage de la raison. Mais les chefs, au courant de ces fâcheuses nouvelles dès le 27 novembre, lorsque tout leur annonçait un échec complet, des massacres, des pillages et des incendies, décidèrent quand même de tenir jusqu'au bout. L'autorité militaire, de son côté, maîtresse de l'insurrection dans le sud, tourna uniquement ses regards vers le nord.

L'Anglais fourbissait ses fusils, dressait ses batteries, concentrait ses bataillons à Saint-Martin et à Carillon. Le Canadien du nord décrocha de la poutre enfumée le vieux fusil et la corne à poudre, fondit des balles, et partit pour les camps armés de Saint-Benoît et de Saint-Eustache.

III

LES CAMPS ENNEMIS
(1er AU 14 DÉCEMBRE)

Vers le 1er décembre on affichait à la porte des églises du district des Deux-Montagnes une nouvelle proclamation de Gosford. Le gouverneur y signalait d'abord les rencontres sanglantes qui venaient d'avoir lieu dans la vallée du Richelieu et les attribuait « aux machinations de quelques hommes pervers et mal intentionnés qui en ont imposé à la crédulité d'une population rurale trop confiante ». Il rappelait ensuite les nombreux bienfaits que les citoyens du Bas-Canada doivent à la générosité anglaise : on vous laisse votre religion, votre langue, vos lois, vos institutions ; vous ne connaissez point le fardeau des taxes ; vos industries sont prospères, vous jouissez d'un régime constitutionnel. « Vos représentants, ajoute-t-il, se sont plaints de griefs : leurs plaintes ont été promptement et pleinement examinées ; les griefs dont on a constaté l'existence ont été redressés tout de suite et pour les autres on a promis sans réserve le redressement le plus ample mais nécessairement graduel. »

Gosford conseillait donc aux paisibles habitants de rentrer dans leur foyer, d'écouter la voix de la raison et des autorités religieuses et civiles. « Soyez assurés, disait-il, qu'un gouvernement puissant et miséricordieux a plus à cœur d'oublier que de venger les injures. » En terminant il recommandait chaleureusement à tous les loyaux sujets de la reine de s'unir pour repousser les rebelles. « Je, le dit Archibald, comte de Gosford, invite par ces présentes tous les loyaux sujets de Sa Majesté en cette province à se tenir prêts en tout temps à maintenir contre les agresseurs de l'autorité de notre Souveraine Dame la reine, et à résister aux projets rebelles des malveillants dans cette province ».

L'adresse du gouverneur n'était sûrement pas un chef-d'œuvre d'habileté politique. Venir rappeler aux patriotes qu'ils doivent une éternelle reconnaissance à la généreuse Albion ; que leurs griefs réels ont été examinés promptement et en partie redressés, c'était leur fournir une belle occasion de prendre l'autorité en défaut et de l'accuser, sur bien des points du moins, de fourberie et de mensonges. Puis était-ce bien vrai que le gouvernement « avait plus à cœur d'oublier que de venger les injures » ? Gosford écrivait ces lignes au moment où Colborne, Gore, Wetherall, la torche à la main, avec une troupe de plus de 1 000 soldats, envahissaient de paisibles villages du Richelieu et détruisaient des centaines de maisons d'innocents. Les chefs de l'insurrection dans le nord pouvaient montrer le soir aux patriotes la lueur des incendies qui ravageaient le sud et ajouter : « Jugez si Gosford a plus à cœur d'oublier que de venger les injures ».

La proclamation ne fit qu'exaspérer davantage l'armée des insurgés. Ajoutons aussi que les trépignements d'impatience des orangistes, leurs voisins, n'étaient pas de nature à les calmer. Les gens de Gore et de Chatham, on le sait, hurlaient de rage comme la meute enchaînée et rappelaient à grands cris le jour où sans laisse ils renouvelleraient dans le nord les exploits de leurs compatriotes du sud. Une dernière cause poussa les rebelles des Deux-Montagnes à s'armer en désespérés. À côté de sa proclamation le gouverneur affichait un placard où la tête des chefs patriotes était mise à prix. Jean-Joseph Girouard, William-Henry Scott, Amury Girod, Jean-Olivier Chénier « sont tous et chacun d'eux accusés du crime de haute trahison. Et attendu, continue le papier officiel, qu'il est nécessaire qu'une aussi grande offense ne reste pas impunie, moi, Gosford, commande et ordonne d'appréhender et arrêter ces individus ». Suit une promesse de 500 £ à qui les amènera à l'autorité.

Le temps n'est plus aux hésitations et aux petites mesures, on le voit clairement. Les actes de rigueur de la part du gouvernement se suivent comme des coups de foudre. Après l'accusation de haute trahison portée contre les chefs rebelles et leur tête mise à prix, c'est, le 5 décembre, tout le district de Montréal mis sous la loi martiale. Colborne est chargé par tous les moyens « par mort ou autrement, de l'appliquer pour la répression de tous rebelles dans le dit district ». Aux grands maux les grands moyens, pense l'autorité, et elle s'exagère la nécessité d'une répression prompte et violente de l'insurrection dans le nord.

Il est vrai que deux camps armés se formaient dans les Deux-Montagnes, mais ils n'étaient nullement dangereux, si ce n'est pour les Anglais et les bureaucrates de ce coin de terre. L'autorité a cru trop facilement les rapports exagérés et les méchantes dénonciations de ceux-ci. Elle a cédé devant les pressions et les menaces des loyalistes de Saint-André et de Carillon. Après les victoires anglaises sur le Richelieu et l'écrasement des patriotes du sud, l'insurrection paraissait terminée. Des adresses loyales arrivaient de partout, exprimant des regrets et des repentirs. Deux députés, et des plus en vue, suppliaient Gosford de convoquer les Chambres et promettaient un règlement pacifique de la question.

Il n'était pas nécessaire de mettre en état de guerre tout un district, dont la très grosse majorité était loyale, docile ou repentante. Et j'exprime là l'opinion des personnes les plus influentes et les plus sensées de l'époque. N'est-ce-pas M. Paquin, bien connu pour son bureaucratisme, qui avoue que Colborne, inspiré par les rapports méchants des loyalistes, avait perdu sa tête et son cœur d'homme. Girouard écrit à son tour :

Quelques jeunes gens de Montréal, obligés de fuir à Saint-Eustache, avaient des idées un peu violentes et firent des démarches imprudentes. C'est ce qui amena cette apparence de révolte que le gouvernement crut plus importante d'après le récit exagéré des loyaux volontaires. Il envoya des forces beaucoup plus considérables qu'il ne fallait pour la réduire.

Mgr Lartigue écrivait pour sa part, le 10 décembre, à l'évêque de Québec :

Tout est parfaitement tranquille en ville. Il n'y a plus que le nord qui tienne pour le désordre, c'est-à-dire les vagabonds de Saint-Benoît, de Sainte-Scholastique et d'une partie de Saint-Eustache. Mais je pense que, si les troupes ne vont pas les attaquer chez eux, les surveillant seulement de loin et les laissant se consumer d'eux-mêmes, ils seront bientôt ébranlés.

L'état des camps de Saint-Benoît et de Saint-Eustache dont nous parlerons plus loin, le nombre des patriotes qu'on put y grouper, la défection, dès la fin de novembre, de quelques chefs insurgés, la désertion complète du camp de Saint-Eustache certains jours de décembre sous la seule influence de M. Paquin donnent raison à l'évêque de Montréal. Nul doute que les restes de l'armée de Girod auraient fondu aux premiers rayons du soleil du printemps.

Mais Colborne avait décidé que les troupes marcheraient contre les rebelles du nord. Il donne ses ordres en conséquence pendant que de leur côté les partisans de Girouard et de Chénier s'organisent militairement pour se défendre et empêcher les arrestations de leurs chefs.

Dès les premiers jours de décembre le général anglais concentre ses forces à Carillon et à Saint-Martin. Le capitaine Mayne des Royaux, en novembre, campe déjà à Carillon et recrute des volontaires. Il est rejoint vers le 1er décembre par deux compagnies du 24e régiment et le major Townshend chargé du commandement des bataillons recrutés dans la seigneurie d'Argenteuil. Le major a l'ordre de marcher contre les rebelles de concert avec Colborne lorsque l'état de la glace permettra à ce dernier de franchir la rivière des Mille-Îles. Les camps des insurgés seront pris entre deux feux.

Les habitants anglais de Gore, Chatham et Glengarry montrèrent un réel enthousiasme à s'enrôler pour cette guerre. Ils fournirent à Townshend 15 compagnies : 5 de Lachute, sous les ordres des capitaines Denisson, Doig, Waldron, McGibbon et Quenn, un effectif de 317 soldats ; 3 de Chatham, sous les ordres des capitaines Schagel, Ostrou et Sinclair, un effectif de 212 soldats ; 2 de Grenville, sous les ordres des capitaines Lang et Pridham, un effectif de 130 soldats ; 2 de Gore sous les ordres des capitaines Evans et Johnson, un effectif de 142 soldats ; 1 compagnie de Carillon de 40 soldats sous les ordres du capitaine McDonnel ; en tout une armée de 955 volontaires, bien équipés, prêts à tirer une éclatante vengeance de leurs anciens adversaires d'élections de Saint-Benoît et de Saint-Hermas.

Le 10 décembre, Townshend a sous ses ordres plus de 1 500 soldats, réguliers et volontaires. Le 14 décembre, lorsque lui arrive l'ordre d'opérer sa jonction avec Colborne à Saint-Benoît, il ne trouve pas encore ses forces assez imposantes et il arme à la hâte 400 à 500 nouveaux loyalistes. Ce déploiement de bataillons pour s'emparer d'un village ouvert et soumis fait sourire. Mais ces armes et ces munitions distribuées à la dernière heure à des fanatiques, alors que le commandant anglais est assuré de la défaite des patriotes à Saint-Eustache, nous révolte. Si l'autorité supérieure de l'armée britannique n'a pas commandé le pillage et l'incendie comme nous le verrons plus loin, elle a dû les prévoir, elle les a rendus inévitables en mettant des armes dans les mains de ceux qu'elle savait remplis de désirs de vengeance et aveuglés par la haine du nom français et catholique.

Pour ne laisser aucune issue possible aux patriotes, les Sauvages d'Oka ont promis de faire bonne garde sur les grèves du lac, des compagnies de volontaires surveillent le fleuve du côté de Berthier et de l'Assomption, plus de 500 réguliers et volontaires, infanterie et cavalerie, sous les ordres du colonel Simpson et du capitaine McIntyre, sont disséminés depuis Lachine jusqu'au fort du Côteau-du-lac.

Il ne reste plus à Colborne qu'à concentrer ses troupes à Saint-Martin, en attendant l'heure de marcher contre Saint-Eustache. Dès les premiers jours de décembre il a envoyé des compagnies de réguliers pour aider au capitaine Bélanger à garder le pont Lachapelle. Il craint que les patriotes ne viennent détruire ce seul moyen de communication entre l'île de Montréal et l'île Jésus. Le 10 décembre, deux compagnies du 32e régiment sous le commandement du capitaine Evereigh, un détachement de l'artillerie royale avec un canon, sous les ordres du capitaine Glasgow, venaient rejoindre à Saint-Martin ces premières troupes. Le lendemain arrivait au même endroit un escadron de la cavalerie volontaire commandé par le capitaine Bellingham. Le capitaine Glasgow, le même jour, poussait une pointe jusqu'à Saint-Eustache pour s'assurer des positions des insurgés et sonder la glace sur la rivière des Mille-Îles. Il avertit aussitôt son commandant en chef que c'était le temps de fondre sur le camp des insurgés.

La saison ne se prêtait guère à cette marche à travers nos campagnes. Il était tombé depuis peu de jours plus d'un pied de neige. Il fallait ouvrir un chemin à l'artillerie. Il faisait très froid. Et cela ajoutera aux misères des soldats qui marchent lentement dans la neige jusqu'aux genoux.

Dès le 12 au soir, une partie des Royaux, du 32e et du 83e, atteignait Saint-Martin. Ces détachements escortaient 70 traîneaux chargés de madriers, de provisions et de caisses de munitions. Le 13, vers 2 heures de l'après-midi, les dernières compagnies des régiments susdits, sous les ordres de leurs commandants respectifs, les lieutenants-colonels Wetherall, Maitland et Dundas quittaient Montréal pour la même destination. Les suivaient, l'artillerie royale avec 6 pièces de campagne, sous les ordres du major Jackson, et un grand nombre de volontaires : cavaliers, Dragons légers de la reine, Carabiniers, Fusiliers royaux, en tout, réguliers et volontaires, au moins 2 000 soldats.

Colborne lui-même, qu'escortaient un assistant-commissaire général et deux subordonnés de cet assistant, vint coucher le même soir à Saint-Martin. On passe la nuit dans les maisons des loyaux, chez les patriotes Brien et Papineau dont les domiciles sont déserts, dans les hangars, dans les granges. Ces granges disséminées partout, ces feux de bivouac qu'on allume dans la nuit claire, ces appels de clairon, ces sentinelles qui montent la garde aux croisements des routes, donnent au village une vie et un aspect inaccoutumés. Tout se passe cependant avec ordre, comme dans un camp militaire de vieille date. Ces régiments et leurs chefs ne sont pas, en effet, à leurs premières armes. Colborne a fait les campagnes d'Égypte et d'Italie en 1801. Il a combattu sous Wellington en Espagne et en Belgique ; sa bravoure à Waterloo lui a valu les titres de membre des ordres de Marie-Thérèse et de Saint-Georges et de Commandeur du Bain. Les lieutenants Maitland et Wetherall sont des militaires de race et leurs soldats sont des vétérans qui ont servi contre les armées de Napoléon. Les journaux du temps portent aux nues l'habileté de ces chefs dans les préparatifs de la campagne.

Note : Le parti anglais pouvait être satisfait de Colborne. Il était parvenu à réunir en peu de temps plus de 6 000 soldats. Il avait 2 000 hommes sous ses ordres en route pour Saint-Eustache ; 2 000 autres, sous Townshend attendaient le moment de fondre sur Saint-Benoît ; 1 000 soldats, au moins, réguliers et volontaires, restaient en garnison à Montréal dont on avait barricadé toutes les avenues ; plus de 1 000 autres, postés aux points stratégiques, guettaient les insurgés et interceptaient leur fuite vers les États-Unis. Et ce n'était pas tout : le 16 décembre, on signale l'arrivée prochaine des 43e et 85e régiments. Londres, de tout cœur, approuve ce qui a été fait, et autorise Colborne, le

6 janvier 1838, à exercer et à équiper de nouveaux corps de volontaires.

Ils vantent aussi leur prévoyance et leur courage. Ils disent en même temps l'entrain qui accompagnait soldats et officiers. De paisibles citoyens : Gugy, Jones, Leclerc, Porteous, Globenski, de Montréal ou d'ailleurs, se font un honneur d'être de la partie. Des amateurs même, leur fusil de chasse sur l'épaule, suivent les régiments. « C'est impossible de concevoir un meilleur esprit que celui qui anime la population anglaise, écrira le 13 décembre, un Anglais de Montréal. Et si à l'avenir elle n'est pas débarrassée de la tyrannie de la domination et des lois françaises, elle aura raison de devenir elle-même rebelle. » Louis Viger, le beau Viger comme on l'appelait communément, assiste au défilé de ces troupes qui vont écraser ses compatriotes du nord. Lui, ancien vétéran des guerres de 1812-1813, aurait aimé trouver autant d'ardeur chez ces Anglais pour combattre les Américains. Il pleure sur le malheureux sort des Canadiens.

Que faisaient les patriotes pendant que les autorités canadiennes s'organisaient avec tant de méthode et d'enthousiasme ? Ils se groupaient dans les villages de Saint-Benoît et de Saint-Eustache et attendaient dans une sécurité déconcertante l'armée anglaise.

C'est de Saint-Benoît que part l'idée de former ainsi des camps armés. Ce village, plus exposé que d'autres à une descente des orangistes de Gore et de Glengarry, sentait le besoin de se retrancher. *Le Canadien* du 1er décembre note que le jeune Barcelo, de Sainte-Scholastique, depuis quinze jours, recueille de l'argent pour acheter des armes et des munitions. Il ajoute que les patriotes ont l'intention de former deux camps, l'un au Grand-Brûlé (Saint-Benoît), l'autre à la Rivière-du-Chêne (Saint-Eustache). À la même date la feuille québécoise signale l'exploit de Girod qui s'est emparé d'une excellente jument et de deux autres chevaux chez William Snowdon, et cela au profit de la future république. Il a donné ordre à un autre habitant de tenir prêts quarante minots de blé pour fournir à la première réquisition de l'état-major.

Dumouchel et Barcelo, par ordre du général, ont enlevé tous les animaux de ferme d'un loyal Breton. On a réquisitionné cinquante minots de grain chez un nommé Routier de Sainte-Scholastique, et on veut le faire souscrire pour 25 £ à l'achat d'armes à feu. Peu à peu on amasse quelques fusils, des vivres, des munitions que l'on garde militairement jour et nuit. Le camp est formé, à la fin de novembre, Girod décide d'en établir un autre à Saint-Eustache. Ses lieutenants

Dumouchel, Barcelo, Peltier, Delorimier, parcourent les campagnes, désarment ceux qui ne sont pas de leurs idées et groupent ainsi de gré ou de force plus de deux cents hommes. Cette troupe, Girod en tête, marcha, le 29 au soir, vers Saint-Eustache. On devine la terreur qui précédait et accompagnait ces bandes indisciplinées. Elles atteignirent la Rivière-du-Chêne et y passèrent la soirée dans les tavernes à s'y amuser bruyamment.

Vers 9 heures, Girod les rassemble et, forte maintenant de 300 soldats, la troupe se met en marche vers Oka. Les chefs insurgés manquaient d'armes et de munitions, ils espéraient en trouver dans les magasins de la Compagnie de la Baie d'Hudson et chez les Sauvages de la Mission du lac. Le général en chef conduisait lui-même l'expédition accompagné de son aide de camp, l'avocat Hubert, de Chénier, Peltier et Dumouchel. Les paisibles habitants des côtes de Saint-Eustache virent avec stupeur, s'avancer dans la nuit ces troupes indisciplinées. À la lueur des fanaux que portaient les officiers au bout de longs bâtons, ils y reconnaissaient des amis, des voisins, des frères, des époux.

Elles défilaient sans ordre en chantant des refrains pour rythmer les pas sur les chemins gelés et tromper la fatigue d'une longue course. Ces lumières, vacillant au vent du soir, courant au gré des routes sinueuses, disparaissant dans les vallons pour renaître plus vives sur les crêtes des collines, agitées de droite et de gauche, abaissées et relevées par des bras nerveux, semblaient dans la nuit noire les signaux de détresse d'un navire désemparé, les appels au secours de la patrie en danger. Des seuils on les regardait longtemps, fasciné par leur appel tragique. Sous les toits bien clos, plus d'une mère, plus d'une épouse, plus d'un ami étouffaient dans leur gorge oppressée un cri de haine contre ceux qui rendent possibles de tels égarements, et les changeaient en un long sanglot de pitié pour les égarés.

Le lendemain la troupe était sur pied à Oka et se présentait de bonne heure aux magasins de la Compagnie. Les chefs y prirent huit fusils, un baril et demi de poudre, deux quarts de plomb, une petite caisse de balles, un quart de lard et quelques autres effets. Ils visitèrent aussi le presbytère. Malgré la défense formelle de M. Dufresne, supérieur de la Mission, ils enlevèrent un petit canon en cuivre de deux pieds qui appartenait aux Sulpiciens et le traînèrent à Saint-Benoît. Girod eut une longue entrevue avec les chefs sauvages d'Oka ; il espérait les gagner à sa cause. Mais il n'obtint rien, pas même de la poudre et des armes.

Frères, aurait répondu aux insurgés un des chefs, vous profitez du moment que nos frères sont à la chasse pour venir nous attaquer comme des bêtes féroces ; mais ils reviendront et nous vous promettons que nous prendrons notre revanche ; vous pouvez compter sur notre foi.

Ces énergiques paroles découragèrent les rebelles qui reprirent le chemin de leurs villages. Une partie, avec Chénier, vint camper à Saint-Eustache, une autre, sous la surveillance de Girouard, s'installa à Saint-Benoît. Girod, le généralissime des deux camps, prit ses quartiers au riche manoir Globenski, au Plateau-des-Chênes. D'autres groupes logèrent chez Scott, Dorion, au manoir Dumont, au couvent et jusqu'au presbytère après le départ du curé pour sa ferme du Domaine. Ceux de Saint-Benoît logent chez Girouard, Masson, Dumouchel, Coursolles. Le curé même héberge avec plaisir quelques chefs plus influents. Et la vie de camp va commencer, démoralisante toujours pour le soldat, mais plus encore pour ces habitants recrutés de partout et entassés dans des maisons, sans appui moral et sans occupation, à côté de caves qui regorgent de vivres et de buvettes où l'eau-de-vie coule comme l'eau des rivières.

Sur le camp de Saint-Benoît les détails nous manquent; il est possible cependant, par des passages de lettres du temps ou des dépositions, de reconstituer les faits et gestes des patriotes de l'endroit. Les premiers jours de décembre se passent à racoler des partisans, à amasser des provisions et des munitions. Dans ce but les émissaires de Girod parcourent les rangs ; les villages de Terrebonne, de Saint-Jérôme et de Sainte-Anne-des-Plaines même reçoivent leurs visites. On convainc les habitants qu'ils doivent se rendre au camp, et quelques-uns y sont traînés de force. Vivres, logements, vêtements : on promet tout aux patriotes. Les armes et les munitions manquent : on leur assure qu'ils en trouveront à Saint-Benoît. Ces patriotes sont pour la plupart des jeunes, pleins d'enthousiasme ; on leur fait au camp les plus alléchantes promesses, et autant que possible, on leur cache les tristes événements du sud.

À Saint-Benoît la vie est large et gaie. On a amassé dans les caves, bœuf, lard, mouton, pain, en quantité : fruit des maraudages nocturnes. On fait bonne chère et l'on boit. Le soir, on se groupe autour des chefs pour discuter les événements du jour, prévoir ceux du lendemain. Sous certains toits on s'amuse bruyamment ; ailleurs on fond des balles, on se fabrique des épées avec des faux, on se fait des poignards avec des lisses de traîneaux. De temps en temps les chefs font parader l'armée insurgée ; mais le plus souvent ils la laissent dans l'inaction la plus complète et une fausse sécurité. Delorimier, Brien, Hubert, Girouard, Chartier font des discours pour entretenir le feu sacré du patriotisme, pendant que Dumouchel, Masson, Barcelo, Girod s'occupent surtout de l'enrôlement et de l'approvisionnement.

La surveillance du camp ne paraît pas avoir été très sévère, et pour cause. Il n'y a guère de transfuges à Saint-Benoît. On ne craint pas les trahisons : les suspects et les loyaux ont déguerpi. Le curé de la paroisse est lui-même de toutes les assemblées. Au jour des délibérations, il figure à côté des chefs de l'état-major. On a créé cependant des avant-postes, gardés par des sentinelles. On a dressé de faibles barricades. Une petite rivière coule à travers le village de Saint-Benoît. Ses bords légèrement escarpés fournissent un glacis naturel à une forteresse. Au moyen de pièces de bois entrelacées on a fait courir sur le haut du ravin une faible défense, capable tout au plus de résister au premier choc de l'infanterie.

On a coupé le chemin qui mène à Saint-Eustache et à Saint-Hermas de quelques abattis d'arbres et de fossés peu profonds. Vers le 10 décembre les fortifications de Saint-Benoît sont terminées, grâce à l'entrain général. Le curé lui-même a mis la main à la pioche et presse ses paroissiens de travailler aux retranchements.

Je n'ose en croire à la renommée, lui écrira Mgr Bourget le 12 décembre, qui vous fait figurer parmi les commandants du quartier général de Saint-Benoît... qui vous représente la pioche à la main, et travaillant le saint jour du dimanche avec vos paroissiens, à qui vous auriez annoncé à la porte de l'église que l'obligation de travailler aux retranchements était pour eux plus urgente que celle d'assister aux Vêpres....

Le camp de Saint-Benoît ne compta jamais plus de 400 à 500 patriotes, et il n'a pas d'armes, si ce n'est le petit canon apporté d'Oka et une cinquantaine de mauvais fusils. Par contre, il attend de pied ferme l'ennemi, les Orangistes de Gore surtout, dont il se propose de faire prompte justice. Les jours qui précèdent la bataille de Saint-Eustache l'armée insurgée resta au camp ; seuls les chefs avec de légers détachements sortent, soit pour fourrager, soit pour se concerter avec les braves de Saint-Eustache. *Le Populaire* écrira, la veille du combat, 13 décembre ; « Quant aux rebelles de Saint-Benoît ils sont campés dans leur forteresse de boulins et de terre glaise sans bouger. Ils craignent les gens de Gore en dehors de leur fortification. » Cette dernière réflexion de la feuille loyaliste semblerait donner pleinement raison à Girouard qui prétend bien qu'un camp armé ne fut établi à Saint-Benoît que pour prévenir une descente des Orangistes de Lachute et de Saint-André. En tout cas le camp de Girouard n'offre pas de scènes de dévergondage comme en présente chaque jour celui de Chénier et de Girod à Saint-Eustache.

Les chefs ici semblent avoir fait du maraudage une de leurs principales occupations. On signale jour par jour leurs excès. Le 2 décembre ils fouillent les maisons des loyaux de Saint-Eustache et y enlèvent tout ce qu'ils peuvent trouver de provisions et de munitions. Le 9, sur la ferme d'un seul habitant de Sainte-Thérèse, Kimpton, ils prennent vingt-six bœufs. Les patriotes ont réquisitionné tous les grains des cinq moulins de la paroisse et la poudre des sept magasins du village. Les désordres étaient si grands qu'ils émurent les chefs, et Girod crut nécessaire de sévir. Il fit un grand discours à ses gens. Il défendit à l'avenir tout pillage. Il fit même arrêter trois des plus ardents maraudeurs et les fit jeter en prison. En réponse aux murmures des soldats d'occasion sur les vols qu'il autorisait lui-même, il prétendit que c'était nécessaire pour nourrir le camp. Désormais quand une petite troupe partait pour ravitailler les insurgés, elle était munie d'un permis et laissait à celui qu'elle dépouillait de ses biens un bon valable sous la future république. On a conservé au *Canadien* le texte d'un de ces papiers ainsi conçu : « Bon pour 138 livres de lard... au nom du gouvernement provisoire, Saint-Eustache, ce 2 décembre 1837, J.-O. Chénier, major ». On avait accumulé assez de provisions pour nourrir l'armée des patriotes tout l'hiver.

Le camp de Saint-Eustache, peuplé en grande partie d'étrangers, compta certains jours plus de 1 000 hommes. Plusieurs y sont venus de force ou sous l'empire des menaces ; d'autres alléchés par de belles promesses ; d'autres enfin attirés par la bonne chère et la boisson. Il n'y a pas de moyens que n'inventât Girod pour grossir son armée et retenir ses partisans. Les insurgés du sud, leur disait-il, sont victorieux. Il vous sera facile d'avoir raison des volontaires qui se concentrent à Saint-Martin. Pour vous, plus tard, après la victoire définitive, seront les belles terres, les places en vue. En ce temps-là, les dîmes et les rentes seigneuriales seront abolies.

Le 3 décembre cependant, le curé de Sainte-Rose, M. Turcotte, apprit au curé de Saint-Eustache les revers de l'armée patriote dans le sud. MM. Scott, Féré, Paquin et Desèves en profitèrent pour parler à la foule après la grand'messe. Leurs discours furent bien accueillis et ils parvinrent à vider le camp, succès éphémère qui ne fit qu'exaspérer les chefs, surtout Girod et Chénier. Ils décidèrent d'organiser une étroite surveillance sur les nouvelles et de retenir prisonniers les transfuges. On plaça sur toutes les routes des sentinelles. Aucun individu n'entrait à Saint-Eustache sans un permis. Deux prêtres, envoyés par l'évêque de Montréal pour calmer les esprits dans le district des Deux-Montagnes, durent rebrousser chemin. Personne ne pouvait quitter le camp sans une passe signée des chefs. Le *Journal historique* en a conservé une, ainsi rédigée : « Passe à Fleury Tison, 4 décembre 1837, J.-O. Chénier, commandant. »

On refusa ce papier au curé, à son vicaire, à MM. Scott et Féré. Les deux prêtres se retirèrent sur une ferme, à quarante arpents du village. Ils purent circuler librement. Chaque jour, ils vinrent dire la messe sans être attaqués. Les fréquentes visites qu'ils reçurent des curés voisins prouvent bien que loin d'avoir atteté sérieusement à la vie des deux prêtres on les considérait mieux que des prisonniers de guerre. On traita plus sérieusement le Dr Forbes, de Sainte-Geneviève, qui espionnait autour des camps insurgés. Il fut arrêté, traîné devant une cour martiale établie par Girod où siégeait Pierre Danis, de Saint-Jérôme, et condamné à être fusillé dans 24 heures. Heureusement que l'avis des plus modérés du camp l'emporta. La sentence ne fut pas exécutée. Et d'autres encore, traîtres à la cause patriotique ou accusés de contre-balancer l'influence de Girod, subirent leur procès et furent détenus prisonniers : tels Scott, Féré, Félix Paquin, de Montigny. Quelques-uns sont gardés à vue chez eux ; la plupart logent sous bonne garde au hangar de pierre de la maison Féré.

Et l'état-major, sûr maintenant de ne plus voir son influence ruinée, reprit avec activité le peuplement du camp. Le 6 décembre, les insurgés sont assez forts pour tenter une sortie du côté de Sainte-Rose. Vingt-cinq hommes armés de haches et de scies affaiblirent les poutres du pont Porteous qui reliait l'île Jésus à la terre ferme. Ils espéraient ainsi précipiter l'armée de Colborne dans la rivière dans sa marche sur Saint-Eustache. Le 8, jour de l'Immaculée, le camp déborde de patriotes. À la messe, l'église est remplie d'une foule pieuse ; spectacle qui nous dit, du moins, la bonne foi de ces gens. Ils prétendent être dans leur droit et ils marchent sans inquiétude ; ils prient le Ciel de bénir leur entreprise, sans se croire en faute. Comme leurs frères à la bataille de Saint-Denis, ils sont prêts à égrener leurs chapelets entre deux coups de fusil contre les troupes anglaises. Chénier partageait les mêmes sentiments. Il répondra à son curé, qui l'accuse devant Dieu et devant les hommes de tous les malheurs qui vont fondre sur la paroisse :

C'est vous, M. le curé, que j'en accuse à mon tour, vous nous avez nui extraordinairement. Vous devriez être à notre tête quand nous irons combattre, pour nous donner l'absolution.

Malgré la surveillance étroite du camp, le nombre des insurgés fléchit sensiblement vers le 10 décembre. Saint-Eustache devient morne et silencieux. Les villages voisins, les maisons des rangs, les bois de la Grande-Côte et d'Oka cachent des familles entières, des groupes de femmes et d'enfants qui ont fui la tourmente. Seuls les patriotes y commandent et y règnent en maîtres. On les voit souvent groupés aux portes des tavernes, rire ou discuter bruyamment. Ils fument, ils mangent bien et ils boivent ferme. Ils n'ont pas d'armes : cent tout au plus possèdent de mauvais fusils. Ils se sont fabriqué des épées et des poignards. Les demoiselles Labrie et Berthelot leur ont fondu quelques balles. Ils vivent quand même dans une grande sécurité habilement entretenue par les chefs. Girod, le général, n'a rien fait pour mettre le village en état de défense ; aucun retranchement n'a été dressé. On a percé de meurtrières les maisons Dumont et le couvent, on a établi, à l'hôtel de

Misac Cyr, à la fourche des chemins de Saint-Martin et de Sainte-Rose, de l'autre côté de la rivière, un corps de garde, et c'est tout.

Note : Les amateurs d'antiquités n'ont qu'à traverser la rivière en face de Saint-Eustache et là, à la fourche de quatre chemins, à quelque arpents du pont, ils pourront admirer une vaste maison en pierre : c'est l'ancienne auberge Cyr.

Pourtant tout annonce un combat prochain. On sait que des troupes nombreuses se massent à Saint-Martin. Le 11, on a même poursuivi à coups de fusil le détachement du capitaine Glasgow qui est venu sonder la glace sur la rivière des Mille-Îles. Girod se contente toujours de vivre en pacha au manoir Globenski et de faire des discours. Le 13 au matin on parut décidé à agir. L'abbé Chartier, qui était venu la veille encourager ses braves de Saint-Eustache, reparut de bonne heure, à la tête des chefs de Saint-Benoît. Il prit part à un conseil de guerre convoqué par Girod. Puis, à la suite du général, dans les termes les plus véhéments, il harangua les patriotes massés devant l'église au nombre d'environ 800. Le plan de l'état-major était le suivant : selon le désir maintes fois exprimé par les plus bouillants partisans de l'insurrection, on marcherait dans la nuit du 14 au

15 décembre, contre l'armée de Saint-Martin. On la surprendrait, sans doute, dans ses camps, et il serait possible d'en faire un horrible massacre. On enjoignait aux capitaines de racoler, pour le lendemain, le plus de monde possible, de veiller avec soin à l'armement de leurs compagnies et de les conduire le soir même à une grande parade militaire par les rues de Saint-Eustache.

Plus de mille hommes, venus de partout, campaient à Saint-Eustache ce jour-là. Le soir venu, ils se groupèrent devant l'église sous les yeux de leurs officiers, qui les commandent l'épée à la main et le pistolet au côté. Ils firent quelques évolutions militaires, puis, sur quatre rangées, défilèrent par les rues au son des tambours et des violons. La plupart n'ont pas de fusils, une centaine ont de vieux mousquets à pierres ; d'autres ont emmanché des faux au bout de longs bâtons, ils comptent s'en servir en guise de sabres ; d'autres portent sur l'épaule des haches, des fléaux ou d'énormes bâtons ferrés. Tous sont habillés d'étoffe du pays, sont coiffés de la tuque bleue et portent aux pieds des souliers de bœuf. Une courte pipe pend à leurs lèvres, et ils en tirent des bouffées de tabac. Quelques-uns titubent dans les rangs sous l'effet de la boisson.

L'armée de Girod, en grande tenue, fait la parade. Puis on se groupe dans les larges maisons du camp : au presbytère, au couvent, dans les manoirs Dumont et Globenski. Plusieurs campent en plein air sur la place de l'église, dans les cours des maisons. Ils font cuire des quartiers de bœuf à des brasiers qui jettent sur les murs du temple des lueurs d'incendie. La réverbération des bûchers donne une teinte de sang à ces visages jeunes ou vieux, et fait courir d'étranges fantasmagories par les rues et à travers les bras dénudés des arbres voisins. Dans la nuit froide arrivent des phrases entrecoupées de jurons, des appels vibrants, des sons de tambour.

L'armée de Girod prend son souper. Peu à peu le silence se fait. Une à une les lumières s'éteignent : on dort au presbytère et dans les camps, jusque sur la neige près des feux, pendant que seules dans la nuit claire et froide les sentinelles montent la garde.

Dormez, pauvres victimes, sincères et braves patriotes de Saint-Eustache et de Saint-Benoît. Dormez en paix, pour plusieurs votre dernière nuit. Ce n'est pas sur vous que l'historien doit rejeter la responsabilité de votre soulèvement, mais sur l'oligarchie qui l'a rendu possible et inévitable, sur vos chefs qui vous ont égarés et que, la rage au cœur, vous verrez fuir demain, tous, moins Chénier, au premier coup de canon. Pendant que vous reposez tranquilles sur vos dures couches, dans son lit moelleux du manoir Globenski votre généralissime s'agite et sent plus que jamais dans cette longue nuit peser sur sa conscience le poids de son crime. Dormez, vous, sans remords et sans honte ! Vos noms se redisent au foyer sans rougeur au front, et votre malheureuse faute a été pour quelque chose dans la victoire de la liberté !

Mais voici que l'aube du 14 décembre commence à luire. Au loin retentit le clairon de Colborne. Voyons aux prises les deux armées ennemies.

IV

LE CHOC SANGLANT
(14 DÉCEMBRE)

De bonne heure, le matin du 14, l'armée de Girod fut sur pied. Il fallait aller chercher du renfort pour l'attaque du soir contre le camp de Saint-Martin. Environ 400 à 500 patriotes, par petits pelotons, se dispersèrent à cette fin dans les rangs et les villages voisins. Comme les autres jours, il y eut messe ce matin-là, à Saint-Eustache. Le curé, son vicaire et l'abbé Chartier, qui avait passé la nuit à la ferme de M. Paquin, restèrent au village jusque vers onze heures. Il pouvait y avoir au camp, en ce moment-là, tout au plus 500 patriotes, ne se doutant nullement qu'une armée formidable touchait déjà à leurs avant-postes. Bientôt l'attention fut éveillée par une fusillade assez nourrie qui partait des bois de l'autre côté de la rivière des Mille-Îles. Il parut évident que le corps de garde de l'auberge Cyr était attaqué.

Les sentinelles se replièrent en toute hâte sur le village et annoncèrent l'arrivée des troupes dont on pouvait voir les baïonnettes luire au soleil. Des éclaireurs, parmi lesquels se trouvait Girod lui-même, reconnurent bientôt la compagnie de volontaires de 83 hommes, commandée par Globenski. L'alarme fut donnée ; les cloches sonnèrent à toute volée et en un instant l'armée des insurgés était en ordre de bataille devant l'église. Pendant ce temps, l'abbé Chartier, dans une course à grande haleine allait annoncer la nouvelle à Saint-Benoît. M. Paquin et son vicaire consommèrent les saintes espèces du tabernacle et prirent en toute hâte le chemin du domaine. C'était un spectacle navrant de voir sur les chemins couverts de neige, par un froid intense, des groupes de vieillards, de femmes, d'enfants fuir précipitamment le malheureux village. Devant l'église, l'armée insurgée, sans armes, menaçait de se débander.

Girod proposa de donner la chasse aux volontaires de Globenski, qu'il croyait être un fort détachement de l'armée de Colborne. Cent cinquante braves s'offrirent et, sous la conduite de Chénier, s'élancèrent au pas de charge sur la glace. Un coup de canon tiré sur eux de la Grande-Côte leur fit tourner la tête et arrêta leur élan. Sur un parcours de plus de deux milles, ils virent s'avancer sur Saint-Eustache la vraie armée de Colborne : cavalerie, artillerie et infanterie. Chénier commanda la retraite, mais inutilement. La peur fit perdre la tête à sa petite troupe. Elle prit la fuite en toute hâte et de tous côtés. Chénier rentra au village presque seul. Décidé de tenir quand même jusqu'au bout, Girod rallia le plus d'hommes qu'il put et les fit entrer de gré ou de force dans les principaux édifices du village.

Chénier, Guitard, Deslauriers, Major, Gosselin, Courville, Cabana, Langlois et une cinquantaine d'autres se postent dans l'église. Ils ont barricadé soigneusement les portes et du haut des jubés, dont ils ont rompu les escaliers, ils attendent l'Anglais. « Nous n'avons pas de fusils », disaient ces pauvres égarés, et le chef leur répondait froidement : « Soyez tranquilles, il y en aura de tués et vous prendrez leurs fusils. » D'autres se retranchent au presbytère avec le vieux Charles Forget, de Saint-Janvier. D'autres s'enferment au couvent et dans les maisons Dumont, Scott et Dorion.

Note : Tous ces édifices formaient le centre du village et étaient groupés autour de l'église. La maison Dumont, c'est la résidence actuelle de la famille de Bellefeuille ; comme autrefois elle a pignon sur rue et semble chercher le presbytère qui la regardait autrefois en face. Les maisons Dorion et Scott occupaient les emplacements du Dr Marsil et du magasin J.-A. Paquin.

Ils sont tout au plus 200 ou 250. Où sont Brien, Papineau, Peltier, Hubert, Delorimier, ces bouillants organisateurs de l'insurrection? Où est le généralissime Girod, ce pourfendeur d'Anglais dans ses discours? Tous en fuite. Le général qui a fait entrer de force à l'église ou au couvent d'honnêtes paysans semble avoir épuisé son ardeur belliqueuse et il se sauve à bride abattue vers Saint-Benoît.

Mais avant de raconter le sort de ces chefs revenons à l'armée anglaise dont l'artillerie tonne en ce moment contre Saint-Eustache. Dès sept heures du matin le clairon sonnait le départ de Saint-Martin. C'est que Colborne connaissait la difficulté d'une marche pour une armée par nos chemins d'hiver; il croyait aussi rencontrer de grands obstacles le long de la route; il voulait d'ailleurs en finir le jour même avec la première forteresse des rebelles. Il permit aux volontaires de Globenski de prendre le chemin le plus court mais plus périlleux qui relie actuellement Sainte-Dorothée à Saint-Eustache. C'est contre ce corps, qui avait pris position à la tête de la traverse de la rivière des Mille-Îles, vis-à-vis de Saint-Eustache, que s'élance hardiment le groupe des patriotes conduits par Chénier dont nous avons parlé plus haut.

Le gros de l'armée anglaise, précédé d'un corps d'éclaireurs chargés de tracer la route et prévenir les dangers, suivit le chemin qui conduit à Sainte-Rose. Les troupes évitèrent le village en tournant à gauche à la Petite-Côte, et entrèrent bientôt dans la montée Morigeot pour aboutir à la rivière des Mille-Îles, à peu près à égale distance entre Sainte-Rose et Saint-Eustache. La marche fut dure pour les soldats. Ils allaient fusils sur l'épaule, deux par deux, par un froid intense, dans deux ornières étroites, glissantes, pleines de neige, qu'offrent les chemins canadiens dans la froide saison.

Une autre difficulté se dressait maintenant devant l'armée. Il lui fallait traverser les Mille-Îles. La glace peu solide présentait une surface unie mais couverte d'une épaisse couche de neige. Les bataillons passèrent la rivière à la débandade et sans danger. Les artilleurs durent traîner les canons au bout de longs câbles. Malgré toutes ces précautions quelques chevaux et un canon enfoncèrent. On les retira, et sans autres accidents, en s'ouvrant un chemin dans la neige, par les nombreuses îles que contient la rivière des Mille-Îles, à cet endroit, artillerie et infanterie se reformèrent dans la Grande-Côte de Sainte-Thérèse, et prirent le chemin de Saint-Eustache.

Note : L'endroit précis où l'armée de Colborne aborda, est la terre actuelle (1937) de M. Leclerc, dans la Grande-Côte.

Dans une maison de la Grande-Côte, appartenant à un M. Rochon, à deux milles à peine de Saint-Eustache, se cachaient M. et Mme Berthelot et leurs trois filles. Ils assistent au défilé de l'armée anglaise, et l'une des demoiselles, Émélie, dans un récit très curieux, décrit l'ordre de marche des soldats de Colborne. En tête s'avance la cavalerie où l'on reconnaît quelques volontaires de Saint-Eustache. Les cavaliers retiennent les chevaux qui piaffent d'impatience et lancent de leurs naseaux couverts de frimas deux jets de buée blanche. Puis ce sont des voitures « d'une forme singulière, dit la narratrice, et chargées d'une sorte de bagages que nous, jeunes filles, n'avions pas encore vus ». Et le père Berthelot, tout à côté de ses enfants, leur fait comprendre que ce sont des agrès de guerre : des béliers pour enfoncer des murs et des portes, des échelles et des câbles pour escalader les murailles, des madriers pour ponter des fossés, des pelles, des haches, des marteaux, des scies pour combler des tranchées ou construire des ponts, des caisses de balles, de boulets, de fusils de rechange, de lourds canons sur les affûts dont la gueule béante est chargée de givre, des provisions pour le soldat.

Tout cet attirail était escorté de l'infanterie : volontaires et réguliers. On reconnaît chaque régiment; et à leurs costumes et à leurs sabres on remarque les chefs. On se montre du doigt Colborne, le vétéran des armées de Wellington. Il a haute contenance, visage fier et énergique, front large et découvert, bouche où, semble-t-il, ne peut jamais s'épanouir le sourire qui attire ou la douceur qui pardonne. Il passe sur son cheval de bataille, tout auréolé des reflets de ses campagnes passées et des décorations gagnées à Waterloo. Ferment le défilé « des voitures peintes en rouge pour ramener les morts et les blessés ». À peine la troupe a-t-elle disparu qu'un grand bruit, comme un coup de tonnerre, fit pousser de hauts cris aux jeunes filles. Et le père Berthelot, visiblement ému, explique : « N'ayez pas peur, c'est le premier coup de canon qui annonce la guerre des Anglais contre les Canadiens. »

C'est ce premier coup qui mit en fuite la petite troupe de Chénier qui attaquait sur la glace le corps de Globenski. L'armée anglaise était à peine à un mille du village insurgé. Le général fit arrêter ses soldats, qui se firent servir à boire dans les maisons du rang pendant que des cavaliers s'avançaient pour parlementer. Ils revinrent en toute hâte poursuivis par le feu des patriotes. Colborne vit bien qu'il y aurait combat et il ordonna d'attaquer immédiatement. M. Paquin, dans ses *Mémoires*, trouve inhumaine cette attaque précipitée et foudroyante contre de malheureux insurgés. « Le général Colborne, dit-il, n'avait pas besoin de foudroyer le village avant même d'y arriver... S'il eût eu une âme d'homme il eût donné un petit quart d'heure aux insurgés plus aveugles que méchants, plus dignes de pitié que de haine, et alors il n'y avait plus besoin de combat... En cernant le village de Saint-Eustache, continue-t-il, l'armée quintuplée eût pris tous les insurgés comme de faibles moutons dans la bergerie : mais le loup mange et dévore... »

Quoi qu'il en soit, dès 11 h 30 la cavalerie avait pris position dans les champs sur un petit plateau qui domine Saint-Eustache du côté de la Grande-Côte. Vers midi les canons anglais, postés en meilleure position, sur la terre de M. J.-Bte Poirier, battaient en brèche les principaux édifices du village avec une ardeur que seules auraient dû provoquer de plus solides forteresses.

Pendant ce temps, l'infanterie prit ses positions. Les Carabiniers volontaires de Montréal restèrent avec l'artillerie sur le chemin de la Grande-Côte et dans les champs voisins; ils étaient appuyés à gauche par un détachement du 83e placé en potence sur les bords de la rivière, et par le corps des volontaires de Globenski posté sur la glace au large des petites îles qui partagent à son embouchure les eaux de la rivière du Chêne. À droite, à travers champs, se déployèrent en éventail les lignes des réguliers. Les Royaux du lieutenant-colonel Wetherall occupèrent les flancs est et nord-est du village; ses rangs de soldats atteignaient une petite ravine dont on voit encore les traces en arrière de la gare actuelle de Saint-Eustache. Au nord, le lieutenant-colonel Dundas et le 83e, de la ravine au chemin du Domaine, guettaient les patriotes. Au nord-ouest et à l'ouest, prirent position les soldats du 32e sous les ordres du lieutenant-colonel Maitland. Ces derniers, massés sur les routes du Domaine et du Grand-Brûlé, venaient rejoindre, par le chemin qui tombe au rang du Lac, les troupes de Globenski sur la rivière des Mille-Îles.

Il fallut plus d'une heure pour dessiner, autour du camp des insurgés, cette vaste circonférence de près de 3 milles. Colborne et ses lieutenants étaient prudents à l'excès et tenaient leurs soldats hors de la portée des fusils. Ils les fatiguaient inutilement à s'ouvrir un chemin à travers des champs couverts à certains endroits de trois pieds de neige.

Chénier et ses hommes, de leurs forteresses improvisées, furent témoins muets de ce mouvement enveloppant ; ils ne pouvaient rien faire pour l'arrêter. D'ailleurs depuis midi, il n'était pas prudent de sortir par les rues. Les sept bouches à feu de Colborne, en batterie maintenant sur la terre de M. Félix Paquin (note : c'est la propriété actuelle, en 1937, de M. Hermile Théorêt), à dix arpents à peine de Saint-Eustache, faisaient pleuvoir les boulets sur le malheureux village. Une heure durant et sans répit, ce fut le tintamarre assourdissant des masses de fer qui battent les murailles des maisons, fauchent les branches d'arbres, effritent les pierres, roulent sur les chemins en soulevant la neige dans une poudrerie aveuglante, accompagné de la voix de basse-taille des lourds canons. Et ce bombardement prolongé d'une place ouverte et silencieuse, lugubre et tragique pour les patriotes, devenant ridicule pour une armée de vétérans. Colborne le sentit bien.

Aussi, vers 1 heure, il commanda au major Jackson de pénétrer dans la rue, face à l'église, avec de l'artillerie, et de s'assurer de l'endroit précis où nichaient les rebelles. Le major l'apprit bientôt aux dépens de quelques-uns de ses hommes. S'étant aventuré jusqu'au centre du village, non loin de la maison Scott, lorsqu'il voulut pointer ses canons contre l'église, des coups de feu partirent des maisons voisines et blessèrent plusieurs de ses artilleurs. Il recula hors de la portée des balles, jusqu'au coude que fait la rue de l'église en suivant le cours de la rivière du Chêne. C'est de là que sans danger pour ses hommes, mais sans résultat appréciable, il va continuer, pendant plus d'une heure encore, à battre en brèche la façade du temple. Colborne lui-même, averti de l'incident, dirigea le feu de ses autres canons, placés en ce moment dans les champs, sur la terre actuelle des Sœurs de la Congrégation de Notre-Dame, contre le flanc de l'édifice et des maisons avoisinantes.

Ces mouvements de l'artillerie étaient accompagnés et appuyés par une avance considérable de la part de l'infanterie. Les Carabiniers, les Fusiliers royaux de Montréal, descendirent sur la glace et se postèrent à l'endroit actuel du pont De Bellefeuille et derrière l'église pendant que les volontaires de Globenski s'approchaient de l'embou- chure de la rivière du Chêne et bordaient la rive nord de la rivière des Mille-Îles. Les réguliers, de leur côté, reçurent l'ordre de serrer leurs rangs et de déboucher au village. Les Royaux, après une marche difficile à travers champs, s'arrêtèrent en arrière du manoir Globenski ; le 32e, par le chemin du Lac, se fortifia dans les premières maisons du village, jusqu'au pont qui relie les deux rives de la rivière du Chêne ; le 83e entra à Saint-Eustache par les chemins du Domaine et du Grand-Brûlé et vint se retrancher dans les maisons jusqu'à la hauteur du plateau qui couronne le manoir Globenski.

On laissa sur les routes au large du village la cavalerie et les piquets de soldats chargés d'arrêter les fuyards et de faire des prisonniers. Ce mouvement en avant s'exécuta promptement et sans opposition. Jusqu'ici, c'est à peine si les patriotes avaient pu entrevoir à leur portée les soldats ennemis. Les Anglais, trop loin tout à l'heure pour être atteints, s'avançaient maintenant à couvert des maisons sur le bord des rivières des Mille-Îles et du Chêne. De temps en temps, cependant, un coup de feu partait des fenêtres de l'église ou des maisons avoisinantes et annonçait aux Anglais le désir des patriotes de leur tenir tête héroïquement. Mais les armes étaient inégales. Que faire contre la puissante artillerie de Colborne ? Aussi les insurgés, derrière les murs qui leur servaient de remparts, assistèrent, impuissants, à des scènes d'horreur : des fenêtres qui volent en éclats, des pierres qui s'effritent sous le choc des boulets, des brèches qui s'ouvrent au flanc des murailles, des toits qui s'effondrent, des malheureux, vieillards, femmes ou enfants, délogés de leurs maisons par les soldats, qui fuient la mort par les rues désertes ou les champs glacés.

Il était près de 2 heures, et rien de décisif ne s'était fait encore de part et d'autre. Les soldats anglais, fatigués, affamés, grelottaient de froid. Allaient-ils se laisser surprendre par les nuits hâtives d'automne sans avoir délogé les rebelles de leurs repaires ? Jusqu'ici le résultat net de deux longues heures de bataille, c'étaient quelques blessés anglais, quelques prisonniers patriotes, des pans de murs écroulés, de pierres de la façade de l'église effritées ; et c'était tout.

Colborne se décida d'en finir. Un petit détachement de soldats, se dissimulant dans les hangars et s'abritant derrière les maisons, fut envoyé en éclaireur, près de l'église. Malgré le feu violent des patriotes ils parvinrent jusqu'à une maison, un peu à droite, et en face du temple, et ils y mirent le feu. En quelques instants une fumée dense s'échappa de l'édifice. Le vent soufflait du nordest et poussait la flamme du côté des rebelles. Bientôt de lourds nuages s'engouffraient dans les rues du village et tourbillonnaient autour du couvent, du presbytère et de l'église. Une circonstance si propice pour donner l'assaut aux retranchements des rebelles n'échappa point « à l'œil exercé du vétéran Colborne », dit le capitaine Beauclerk. Il fit sonner le ralliement. Les canons se turent. Et les troupes reçurent l'ordre de fixer la baïonnette et d'avancer, au pas de charge, contre l'église.

Ce fut une heure tragique pour les patriotes. La fusillade commença, rageuse, crépitante, dans l'air sec et froid de cette journée de décembre. Les insurgés répondaient cette fois avec énergie, des maisons Dorion et Scott, du couvent et du presbytère. Il ne restaient aux malheureux qui les défendaient qu'une alternative : être brûlés vifs ou tomber sous les balles anglaises en essayant de fuir. Quelques-uns, suffoqués par la fumée, restèrent sur place et furent consumés par le feu ; d'autres, en plus grand nombre, sautèrent par les fenêtres. Bien peu cependant atteignirent la glace ou les champs. Dans les rues désertes les soldats les guettaient et les faisaient prisonniers ou les abattaient sans pitié.

Les patriotes se trouvaient cernés dans leurs derniers refuges : le couvent, le presbytère et l'église. Fuir, pour eux comme pour leurs frères, c'était s'exposer aux balles de centaines de fusils. Ils continuèrent à se défendre et à tirer sur les soldats qu'ils entrevoyaient comme des ombres à travers la fumée.

Ned Wetherall, des Royaux, par le petit pont de la rivière du Chêne, atteignit l'arrière du presbytère et y jeta une botte de paille enflammée, pendant que d'autres, des volontaires avec le capitaine Leclerc, accomplissaient le même exploit au couvent. Un cri de joie apprit aux patriotes de l'église qu'ils étaient les seuls maintenant à soutenir l'effort de 2 000 soldats. Le presbytère flambait et le feu prenait au couvent. La fumée de ces édifices permit, sans trop de danger, aux bataillons anglais de border les murs du cimetière autour de l'église et d'attendre la sortie des insurgés. C'est à ce moment que le défenseur du presbytère, le vieux Forget, fusil en main, vêtu d'étoffe, tuque bleue sur la tête, apparut sur place avec quelques-uns de ses hommes.

« Forget, qu'êtes-vous venu faire ici ? » lui cria son ami Porteous, capitaine des volontaires. « Me battre pour mon pays », répondit le patriote. Et bientôt il tombait, blessé à mort, en disant : « Je meurs pour ma patrie ! » Plusieurs des siens, grâce à la fumée, échappèrent aux balles anglaises, d'autres furent faits prisonniers ou tués dans leur fuite sur la glace ou dans les rues du village.

L'église seule restait à prendre. De temps en temps des balles, échappées des embrasures des fenêtres ou des clochers, inquiétaient encore l'armée de Colborne. Elle se rua avec furie contre cette dernière forteresse. Ned Wetherall, sir Daniel Lysons, enseigne des Royaux, le major Ormsby et quelques soldats s'élancèrent dans le chemin couvert qui menait à la sacristie. Une balle du patriote Major blessa le colonel Gugy, des volontaires, au moment même où il entrait à la sacristie. Il riposta d'un coup d'épée, et l'on fit prisonnier le rebelle. Le détachement anglais put pénétrer sans danger dans le chœur de l'église.

Fenêtres et portes soigneusement barricadées laissaient filtrer une faible lumière dans le vaste édifice silencieux. Et les Anglais hésitèrent un instant, vivement impressionnés, a dit l'un d'eux, devant la beauté du chœur resté intact après un bombardement de deux heures, et l'imposante majesté d'une superbe statue dorée de saint Eustache qui dominait l'autel et semblait défendre le sanctuaire. Des coups de feu tirés sur eux des jubés leur apprirent qu'il y avait là des êtres vivants ; ils déguerpirent prestement par la sacristie. Les soldats pillèrent consciencieusement le riche vestiaire de l'église pendant que Ormsby se glissait derrière l'autel pour y mettre le feu. Ce dernier incendie qui s'allume va éclairer lugubrement, dans la nuit qui s'avance, la dernière scène de cette tragique bataille. Écoutez sir Daniel Lysons en raconter lui-même une partie : « La fusillade qui partait des fenêtres de l'église cesse en ce moment. Les rebelles s'échappent de l'édifice à travers les fenêtres basses qui ouvraient apparemment sur une crypte ou une cave. Une partie de nos hommes sont rangés d'un côté de l'église, tandis que sur l'autre se trouvaient les 32e et 83e. Quelques rebelles tirent en courant sur nos troupes, puis mettent bas les armes demandant quartier. Nos officiers s'efforcent de sauver les Canadiens, mais les soldats criaient : « Souvenez-vous de Jack Weir ! » et plusieurs de ces pauvres gens trompés sont fusillés sur place ».

Note : Jack Weir était un lieutenant de l'armée de Gore, en marche contre Saint-Denis, le 22 novembre. Fait prisonnier par les patriotes, il avait été massacré par eux sans pitié au moment où il essayait de s'évader.

Chénier, Guitard, Deslauriers, Cabana, Langlois sautent les derniers, du côté du couvent, par les fenêtres de la chapelle de la Sainte-Vierge. Ils laissent à regret dans l'église le malheureux Courville qu'un boulet a frappé au flanc gauche et qui, impuissant, verra la flamme rôtir ses membres ensanglantés et devancer sa terrible agonie. Une balle atteint le chef des patriotes dès qu'il a touché le sol; il se relève pourtant et court du côté de la rivière, lorsqu'une autre le couche dans la mort, près d'un petit pont qui traversait le large fossé du cimetière.

Note : Bien des récits de la mort de Chénier nous ont été laissés. Les uns le font mourir en sautant de l'église, d'autres sur le mur du cimetière après avoir tiré sur les troupes plusieurs coups de fusil. Nous croyons donner ici la version la plus acceptable et la plus sûre.

Et la chasse aux fuyards se poursuit avec une vraie rage. Tout un régiment anglais posté sur le pont de la rivière du Chêne attend le gibier qu'il s'amuse à canarder. « Telle était l'exaspération des troupes, a écrit le capitaine Maryatt, qu'il eût été imprudent d'essayer de sauver la vie à une de ces pauvres créatures abusées. » Sur la rivière des Mille-Îles les volontaires se livrent avec entrain à cette même besogne. Le spectacle de ces courses sur la glace amuse énormément ces loyaux. « Les glissades et les chutes des poursuivis et des poursuiveurs offraient autant de divertissement que d'intérêt, continue le capitaine Maryatt, tant il est vrai que toute chose burlesque fait rire, surtout quand elle est en opposition à des sentiments de sympathie, d'anxiété ou de peur. » Souvenez-vous de Jack Weir ! C'est le mot d'ordre du massacre à Saint-Eustache. Et des insurgés qui ont déposé les armes et qui, mains levées, viennent se constituer prisonniers se voient fusiller à bout portant.

Sur les chemins du rang du Lac et du Domaine d'autres soldats font la même œuvre de carnage. Du côté du Grand-Moulin les volontaires de Globenski semblent plus humains, ils attrapent les fuyards en se contentant de les garrotter solidement et de les amener en prison. À la Grande-Côte les Carabiniers de Montréal sont sans pitié. La plupart se conduisent en vrais brigands. Sous l'influence de la boisson, ils enfoncent les portes, brisent les fenêtres des maisons et emmènent prisonniers de bons et paisibles cultivateurs. L'âge et l'innocence n'y font rien. Le vieux Rochon et le respectable notaire Berthelot en surent quelque chose. Un enfant de 11 ans, Marineau, sorti d'une maison au bruit de la bataille reçoit de la part d'un volontaire un coup de pistolet dans la gorge et expire sur place.

Il est quatre heures. La bataille est terminée. Colborne est maître de Saint-Eustache. On entend bien encore, par ci par là, quelques coups de feu isolés ; mais le silence du soir n'est rompu que par le grondement sinistre de l'incendie, le fracas d'un mur qui croule, un appel de clairon, les cris de soldats ivres, les râles des mourants, les lugubres plaintes des blessés.

Patriotes du camp de Chénier, votre écrasement, habilement combiné, est complet. Vous dormez, pour plusieurs votre dernier sommeil à l'endroit même où une balle ou la flamme vous ont touchés. Vous, blessés et prisonniers, sachant en quelles mains vous êtes tombés, enviez le sort des glorieux trépassés. Vous verrez au milieu de tortures sans fin si « un gouvernement puissant et miséricordieux a plus à cœur d'oublier que de venger les injures ! »

La nuit descend sur le champ de bataille. Elle se hâte, semble-t-il, de cacher de ses ténèbres des scènes d'horreur et de pillage indescriptibles. C'est l'armée victorieuse débandée qui souille sa victoire par des orgies dignes, selon M. Paquin, des Vandales et des Wisigoths.

V

LA NUIT ROUGE

Une nuit tragique s'annonce pour Saint-Eustache. Le feu qui fait rage éclaire lugubrement des soldats débandés qui enfoncent des portes, pillent et brûlent des maisons, des blessés qui achèvent de mourir dans les champs ou les maisons en feu, des morts gelés sur la neige. C'est une nuit rouge de sang humain et de lueurs d'incendie.

Vers quatre heures tout le centre du village flambait. Le feu, mis d'abord en arrière des maisons Scott et Dumont, s'était propagé avec une rapidité étonnante. Il achevait, vers cinq heures, son œuvre destructive dans cette partie de Saint-Eustache. Le riche manoir seigneurial en pierres de taille et à deux étages n'offrait plus que des murs calcinés où pendaient encore des poutres embrasées. Une fumée âcre s'échappait des caves où se consumaient lentement des provisions entassées par les patriotes. Il en était de même de l'élégante maison Scott et du couvent. La destruction de ce dernier édifice affecta beaucoup M. le curé Paquin. Ce beau couvent, en pierres piquées, à peine achevé et que les Sœurs de la Congrégation de Notre-Dame devaient occuper au printemps, était le fruit de nombreux sacrifices et de toutes ses petites économies.

Le presbytère, la maison Dorion, d'autres encore, très riches et très spacieuses, étaient rasés. Des amas de cendres, des débris de toutes sorte où couvent des tisons ardents et où se promènent, comme des âmes inquiètes, et où se rallument et tour à tour s'éteignent de petites flammes bleues, disent seuls que là autrefois vécurent des êtres humains. L'église en pierre, à la façade large et fière, aux lignes architecturales très pures, aux deux clochers à jour, offre surtout en ce moment un spectacle mélancolique et déchirant. Le feu a ravagé les planchers, les bancs, tout le riche pourtour du chœur. Sous un ciel constellé d'étoiles, dans la nuit belle et mélancolique, les fenêtres déversent sur le cimetière, sur les morts d'hier et d'aujourd'hui, des flots de lumière. On dirait que le temple du Seigneur s'est illuminé pour la Noël qui approche.

Mais bientôt les vitres, sous la chaleur, volent en éclats. Le vent s'engouffre dans l'édifice et porte la flamme jusqu'à la voûte qui brasille. En un instant le feu a percé le toit et s'échappe comme une trombe vers le ciel. De toutes ses fenêtres béantes, de son large toit, l'église vomit la flamme qui court sous ses lambris dorés et s'élance jusqu'aux clochers qu'elle frôle sinistrement. La cloche a tinté comme pour un mort, et les deux tourelles, minées par la base, se sont rapprochées, telles deux sœurs naufragées qui veulent mourir l'une près de l'autre, la main dans la main. Bientôt, avec une rapidité vertigineuse, elles ont croulé sur le sol en se croisant, dans un bruit de bronze fêlé, de pierres lancées sur la pierre, au milieu d'une gerbe d'étincelles et de feu qui monte jusqu'au ciel. Le beau temple catholique de Saint-Eustache n'est plus.

Mais le soldat anglais n'en a pas assez de ces incendies qu'ont allumés, au dire de Colborne, les nécessités de la guerre. D'autre surgissent maintenant, qui sont l'œuvre du fanatisme et de la haine du nom français. Le général les porte au compte exclusif des volontaires. Disons à l'honneur du soldat britannique qu'il a montré plus de générosité et moins de rage que le volontaire dans la répression de la révolte. Mais les nombreux récits du feu de la Rivière-du-Chêne, étalés sous nos yeux, nous obligent à affirmer qu'un trop grand nombre de soldats souillèrent leurs uniformes à des besognes ignobles et plus odieuses que la révolte elle-même. L'histoire ne peut pas ne pas tenir responsable le généralissime des troupes des vols commis et des incendies allumés sous ses yeux le soir de la bataille et le lendemain.

Pendant près de deux heures l'armée reste débandée dans le village conquis. Des soldats, guidés par des volontaires, se promènent par les rues la torche à la main et brûlent toute la partie ouest de Saint-Eustache. La maison Chénier, ancien pensionnat Labrie, et toutes celles qui s'étendaient des deux côtés du chemin du Lac jusqu'à la sortie du village, sont la proie des flammes. Il en fut de même sur le chemin de la Grande-Côte. On fit brûler, à plus d'un mille, la maison de Jean-Baptiste Bélanger. Soixante maisons en cendres, et les plus belles et les plus spacieuses de la Rivière-du-Chêne : voilà le fruit d'une vengeance inhumaine et d'une guerre sauvage. M. Paquin, dans ses Mémoires, laisse éclater son indignation et il écrit :

Le feu allumé à Saint-Eustache n'a pas été celui de la guerre mais du vandalisme. On a mis le feu partout avec des torches à la main et après le combat, même le lendemain ! Et chez qui encore ? Chez une veuve de 85 ans bien incapable de faire du mal aux 2 000 hommes de Colborne armés jusques aux dents ! Chez des loyaux qui ont fourni des combattants à l'armée qui les a brûlés !

À la lueur des incendies on voit passer d'autres groupes de Britanniques qui se donnent de tout cœur, et avec une rage que double l'ivresse, à la destruction et au pillage. « Il y avait des gens assez barbares, a écrit l'auteur du *Journal historique,* très favorable pourtant au parti anglais, pour achever de détruire ce que le feu avait épargné. D'autres s'occupaient à piller avec une incroyable activité. Non seulement ils dépouillaient les morts et les laissaient entièrement nus, mais ils enlevaient tout ce qu'ils pouvaient déterrer dans les décombres. Des morceaux même de la cloche devinrent la proie de ces ravisseurs. »

Note : Quel est ce « témoin oculaire » qui aurait rédigé ce *Journal historique* ? Aujourd'hui (1937) il paraît acquis à l'histoire que c'est M. Desèves, vicaire à Saint-Eustache. En voici la preuve : 1) Il est moralement impossible que ce soit le même homme qui ait rédigé les *Mémoires* et le *Journal,* tant le ton et les jugements des deux ouvrages sont différents. 2) Cherchons donc un autre auteur de ce *Journal.*

M. Paquin va le désigner clairement lui-même dans ses *Mémoires* : « Comme l'action de Saint-Eustache a été le coup de grâce des Patriotes, j'introduis ici le *Journal des événements qui y ont eu lieu, fait par un témoin oculaire*, M. Desèves, curé de Saint-Augustin » – alors vicaire à Saint-Eustache.

La partie du village épargnée par le feu fut littéralement saccagée de fond en comble. La plupart des propriétaires avaient quitté leurs maisons. L'armée anglaise se conduisait comme en ville conquise au temps des barbares. Les portes fermées étaient enfoncées à coups de crosse de fusils, et chacun prenait ce qui lui convenait : le linge des armoires, les meubles des salons, la vaisselle des garde-manger, les instruments aratoires des hangars, les vivres et les boissons des caves, les animaux des étables.

Ces brigandages s'étendirent jusqu'aux maisons des rangs à plus d'un mille de Saint-Eustache. Vers quatre heures de l'après-midi on signale déjà la visite d'une petite troupe de volontaires chez Alexandre Rochon à la Grande-Côte. Ils viennent arrêter brutalement un nommé Cardinal.

Dans la soirée, raconte Mlle Émélie Berthelot, d'autres volontaires revinrent dans la Grande-

Côte, chez un nommé Maisonneuve, et se faisant donner de l'eau emplirent les canons de leurs fusils et burent à même. Étant assez en train, ils entrèrent de nouveau chez le père Rochon, cassèrent les vitres avec leurs baïonnettes, fouillèrent les armoires et se chargèrent de linge. Ils reprenaient la route du village lorsque mon père tenta d'arrêter leur brutalité (Note : C'était précisément dans cette maison que s'était réfugiée la famille Berthelot). Mais ils le prirent sous les bras et l'emmenèrent au village. Ma bonne mère, toute en larmes, me conjura de l'aller chercher. Je sortis et rejoignis les volontaires. Je les suppliai de relâcher mon père. Au cours de mes larmes je leur dis : Si vous aviez votre père pris par les soldats et emmené par eux, ne seriez-vous pas émus ? Ils me regardèrent étonnés et poussèrent mon père de mon côté en disant : C'est bien, va-t'en !

Et des scènes semblables se renouvelèrent par dizaines, par vingtaines dans les rangs du Lac, du Grand-Brûlé et du Domaine. Toutes les maisons des suspects, et même simplement celles des ennemis politiques d'autrefois, furent l'objet de la vengeance anglaise. Il y avait au village, ce soir-là, un fort groupe de Chouaguens de Saint-Eustache, de Saint-Laurent et de Saint-Martin qui avaient été délogés de leur maison au temps de la formation du camp ou maltraités par les patriotes ; ils avaient suivi les troupes ou s'étaient engagés comme volontaires. Ils se chargeaient de désigner les demeures des patriotes et de guider les soldats dans leur sauvage dessein. Et c'est un spectacle dégoûtant de voir ces hommes, fortement surexcités par la boisson, se disperser par groupes autour des habitations du village et des rangs, et de les entendre vomir les pires outrages à l'adresse des révoltés. Quand ils reviennent au camp, ils sont chargés de butin et de prisonniers.

Nous n'avons pas manqué de stigmatiser les vols et les brigandages des soldats de Girod dans les premiers jours de décembre ; il fallait également stigmatiser les procédés iniques de l'armée de Colborne.

Les réguliers prirent part au pillage, mais en petit nombre. Mlle Berthelot, dans son récit des événements de 1837, se plaît à rappeler l'humanité de quelques soldats qui volontiers, eux, écoutaient les plaintes des prisonniers et desserraient les liens qui les retenaient. Quelques-uns même montrèrent une réelle sympathie aux insurgés.

Tard dans la veillée, raconte Mlle Berthelot, nous entendîmes frapper de nouveau à la porte du père Rochon. Mon père, ma mère se concertèrent et après quelques instants se décidèrent d'ouvrir. Bien leur en prit, car ils virent entrer deux soldats, des réguliers ceux-là. Ils parlèrent des événements ; ils parurent affligés de tout ce qui s'était passé. En mauvais français et souvent par signes ils racontèrent les événements du matin et témoignèrent leur peine d'avoir vu tuer ces pauvres révoltés qu'ils avaient laissés morts sur les lieux mêmes. Ils veillèrent ainsi jusqu'à minuit et s'en allèrent bien tranquillement en s'attristant toujours sur le sort des pauvres Canadiens.

Au milieu de ce déchaînement des plus viles passions, ça repose et ça console, vraiment, de trouver des cœurs amis, si peu nombreux soient-ils, surtout dans la personne de ceux que la guerre avait dressés contre nous.

Et pendant que ces événements se déroulaient, l'état-major, les quartiers-maîtres et une partie des régiments s'occupaient de procurer aux soldats de la nourriture et un logement pour la nuit. Colborne et ses lieutenants s'installèrent au manoir Globenski. Le propriétaire, revenu avec les troupes, était là pour faire lui-même les honneurs de la maison. Le colonel Gugy et quelques autres distingués citoyens de Montréal acceptèrent l'hospitalité de M. J-Bte Laviolette non loin du moulin du village. Les capitaines et leurs compagnies se cherchèrent un abri dans les maisons épargnées par la flamme.

Et pour qu'on ne fût pas inquiété par le progrès de l'incendie qui menaçait d'atteindre le nord du village, on jeta par terre quelques maisons au coude de la rue de l'église. On démolit ainsi la vaste demeure à deux étages de M. J.-Bte Clément, voisine de l'auberge Addison où reposaient les blessés. C'est là que le feu vint mourir faute d'aliments.

Les quartiers-maîtres avaient trouvé aussi d'abondantes provisions : les patriotes en avaient entassé dans les caves de Saint-Eustache assez pour nourrir une armée tout l'hiver. On traîna au camp, bœuf, mouton, lard, pain et patates, et on prépara le souper des soldats. Vers 6 heures, dominant le crépitement des flammes et le fracas des toits qui croulent, retentirent les clairons anglais. Les régiments se rassemblèrent, les soldats entrèrent au rang et l'on fit l'appel. Puis se fut le souper.

Au manoir, Colborne et ses lieutenants font bonne chère auprès d'une table abondamment servie. Les soldats, eux, dispersés au petit bonheur, groupés dans les maisons, dans les hangars, en plein air dans les cours ou dans les rues, ont grasse pitance, il est vrai, mais peu de confort. Ils n'y regardent pas de si près. La longue marche du matin au froid piquant, le maigre repas de midi, l'apaisement qui suit toujours des heures de combat, ont aiguisé les appétits. Ils mangent avidement sans se plaindre. La scène que présentent ces groupes de Britanniques est digne de tenter le pinceau d'un artiste de chez nous.

Au premier plan, adossé à une maison, près d'un brasier où bout, suspendue à une crémaillère, une large marmite, mange sans souci et sans remords un soldat. Sa bonne face épanouie et grasse prend les teintes du feu qui s'y reflète. À côté, d'autres soldats se servent joyeusement au plat commun. À gauche, sortent de l'ombre trois nouveaux venus : deux volontaires et un patriote. Les deux premiers racontent avec feu, sous l'empire de la boisson, l'aventure du prisonnier qu'on voit devant eux, mains liées, vêtu d'étoffe du pays, tuque bleue sur une tête encore fière et provocante. À droite, quatre brancardiers passent par la rue. Ils portent un mort : une victime de la révolution ; à ses habits on reconnaît un patriote, à la lueur de la lanterne on nomme le chef des insurgés.

La vue s'allonge sur deux rangs de maisons où se dessine plus fier et plus riche le manoir Globenski. Des feux brillent ici et là, au seuil des perrons, dans les cours, par les fenêtres des demeures : c'est l'armée de Colborne au bivouac. On devine partout des scènes semblables à celle qui s'étale sous nos yeux. Au fond du tableau, Saint-

Eustache qui flambe. Les deux clochers du temple se croisent au milieu d'une gerbe d'étincelles et s'éteignent dans la flamme pour mourir ensemble dans la nuit rouge. Au-dessus de tout cela un beau ciel étoilé ; une lune dans son plein qui verse des flots d'argent sur les champs vêtus de blancs cristaux ; le calme mélancolique et froid des belles nuits d'hiver au Canada.

Mais pendant que soldats et officiers prennent un repos bien mérité après une si rude journée, se déroulent dans quelques maisons du village des scènes touchantes et tragiques. Les brancardiers ont apporté à l'hôtel Addison les morts et les blessés, en attendant que les ambulances les ramènent à Montréal.

Note : Cette auberge (l'hôtel Addison) se trouvait à l'emplacement du magasin Bélair, où la Banque Canadienne a établi depuis quelques années ses quartiers. Après l'aubergiste et le chirurgien, le marchand et le banquier : il y a comme cela au monde des coins de terre destinés à entendre éternellement les soupirs des gens qu'on écorche !

Les rapports de Colborne et de Gosford parlent d'un mort et de trois blessés seulement dans l'armée anglaise. Ces chiffres ne sont pas acceptables. Le *Journal d'un témoin oculaire* annonce trois morts et quelques blessés, et nous croyons encore ici que c'est trop peu. *La Gazette* de Québec, à la date du 19 décembre, signale le retour de quelques régiments anglais ; en particulier les Royaux qui ont eu deux hommes tués, et le 83e, sept blessés. Il dut y avoir des morts et des blessés chez les volontaires du capitaine Leclerc et au 32e, qui ont pris une part très active aux dernières heures du combat. Les détachements d'artillerie et de cavalerie comptèrent sans doute quelques victimes dans leurs rangs, car au dire des patriotes leurs balles couchèrent par terre plusieurs des artilleurs au moment où ils se préparaient à faire feu contre l'église. Les récits favorables aux insurgés disent unanimement qu'il y eut un grand nombre de morts et de blessés chez les Anglais : Mlle Berthelot cite même le chiffre de 150. Nous croyons être bien près de la vérité en réduisant ce nombre à 30. C'était une grosse perte pour eux, si on tient compte, d'une part, que les régiments anglais se tinrent longtemps hors de la portée des balles, qu'ils combattirent ensuite à couvert des maisons et de la fumée, et que, d'autre part, les patriotes avaient peu d'armes et des fusils à courte portée et sans précision.

Les chirurgiens se prodiguèrent à donner les soins empressés aux blessés. Ils soignèrent également dans la même maison une quinzaine de blessés français, dont quelques-uns moururent la nuit même. Le soir, M. Turcotte, curé de Sainte-Rose, vint les visiter, les consoler et leur apporter les secours de la religion. Dans cette nuit tragique, il leur apprenait à souffrir, à mourir sans haine, comme des chrétiens. Tout le cours de l'après-midi, ce même prêtre, venu à la suite des troupes de Colborne, avait rempli la même œuvre de charité auprès des blessés. Au risque de sa vie, il était allé jusque sur la glace administrer des mourants. Il continuait encore à l'hôtel Addison la même besogne héroïque et charitable.

Le combat avait fait de larges trouées dans les rangs de l'armée de Girod : au-delà de 60 patriotes furent tués, surtout de Saint-Eustache, de Saint-Benoît et de Sainte-Scholastique. Leurs corps reposèrent sur la glace ou dans les champs. Les parents vinrent les nuits suivantes en enlever un bon nombre. Cependant 25 ne furent recueillis que le 18 décembre, quatre jours après la bataille. Ceux de Saint-Eustache furent inhumés le même jour ; ceux de Sainte-Scholastique, le 22 seulement ; mais tous furent jetés en terre sans cérémonie religieuse, sans cercueil, dans l'endroit du cimetière réservé aux enfants morts sans baptême, d'après un ordre intimé aux curés de la région par Mgr Lartigue.

Le malheureux Chénier fut l'objet d'une attention spéciale de la part des chirurgiens anglais. Vers 6 heures, on le trouva au cimetière, à côté d'un groupe de morts. Les volontaires le reconnurent et l'état-major fit transporter le cadavre à l'auberge Addison. On l'étendit sur le comptoir et le D^r McGregor, chirurgien de l'armée, lui fit à la poitrine une large et profonde incision en forme de croix, « dans le but, dira-t-il lui-même, de reconnaître quelle avait été la cause du trépas », « simplement pour découvrir la direction qu'avait suivie la balle » ajoutera son ami Farnden. On sortit le cœur du chef patriote qu'on trouva perforé d'une balle. Chénier resta exposé à l'hôtel près de trois jours. Des sentinelles montaient la garde devant la maison et empêchaient les gens d'y pénétrer sans une permission des autorités militaires. Bien des curieux défilèrent devant le cadavre, cette nuit-là et les jours suivants. Le corps fut enfin remis à son parent, M. Laviolette, qui le fit jeter en terre enveloppé dans un drap, sans cercueil, dans la nuit du 17 décembre. Au mois de mars suivant sa veuve fit exhumer le cadavre de son mari. On retrouva le corps du docteur bien conservé, le nez seul était un peu écrasé par la terre. Il fut enseveli avec soin et jeté en terre avec décence par les membres de sa famille.

J'ai rapporté jusqu'ici de la conduite des Anglais à l'égard du cadavre de Chénier ce qui est absolument incontestable. Bien des récits de patriotes nous révèlent cependant d'autres faits, que l'histoire ne peut taire tant ils sont confirmés par de nombreux témoins.

Le corps du Dr Chénier fut exposé sur le comptoir de la barre, écrit Mlle Berthelot dans son récit souvent cité. Le chirurgien l'ouvrit et déposa son cœur dans un plat. L'un et l'autre furent ensuite exposés par la fenêtre. Chacun entrait et l'examinait, faisant des réflexions suivant ses sentiments.

Un correspondant du *Canadien* de Québec écrit à la date du 17 décembre :

Nous avons été dimanche dernier à Saint-Eustache. Nous avons trouvé les morts encore sur place ; Chénier au comptoir horriblement mutilé, fendu en quatre, le cœur sorti : c'était un spectacle horrible et répugnant à voir.

Chauveau parle, lui aussi, en 1839, du cadavre de Chénier entr'ouvert, de son cœur déchiré et ajoute :

« Qu'il fut laissé la nuit aux griffes de l'orfraie »
« Et traîné tout le jour sur l'infamante claie. »

Un autre récit parle du cœur du patriote porté au bout des baïonnettes des soldats, et des apostrophes de ces derniers aux rebelles : « Venez voir le cœur de votre chef comme il était pourri ! » Sans ajouter foi à ce dernier témoin, nous croyons que l'unanimité de ces dires, sur un même sujet, laisse planer un grave soupçon sur l'étrange conduite des Anglais à l'égard du cadavre de Chénier. Leur façon d'agir nous paraît si extraordinaire qu'elle est pour le moins indigne d'une armée disciplinée et d'un général qu'on aimerait à voir plus généreux, plus magnanime, dans toute cette campagne.

Et cette réflexion s'applique très bien, et avec plus de vérité encore, à la conduite des vainqueurs à l'égard des prisonniers. Ils étaient près d'une centaine arrêtés dans leur fuite pendant le combat, ou arrachés violemment de leur maison le soir de la bataille. À cette besogne se donnèrent avec une vraie joie les volontaires et les réguliers. Mlle Berthelot nous raconte l'arrestation d'un patriote chez le père Rochon, par des volontaires, dans des circonstances qui la rendent particulièrement odieuse. On frappe inutilement le rebelle, on lui lance à la face les mots les plus grossiers et les injures. Les cordes qui le retiennent entrent dans ses chairs bleuies par le froid. Et quand ce malheureux demande en grâce qu'on desserre ses liens, on lui répond qu'il a ce qu'il mérite et que d'autre chose l'attend à la prison. Les soldats réguliers eux-mêmes n'épargnaient pas les insultes à d'honnêtes citoyens. Écoutez M. Lemaire dit Saint-Germain, de Saint-Eustache, nous raconter lui-même, d'une façon très pittoresque, son arrestation :

Après m'être promené philosophiquement durant quelques minutes dans ma maison, les mains placées derrière le dos (coutume habituelle), écoutant le vacarme peu rassurant des assaillants qui allaient envahir le village, la curiosité me poussa à voir ce qui se passait au dehors ; mais en ouvrant une croisée, un messager importun ou un avant-garde que l'on nomme boulet et que l'artillerie royale me faisait l'honneur de diriger contre mes pénates, passa à quelques pouces de la partie la plus proéminente de mon visage, mon pauvre nez, et le frisa à tel point que sa couleur et son odorat en furent presque supprimés. Oh ! c'est alors que je m'interpellai et que j'eus le bon sens de dire à mon individu : Saint-Germain ! tu es un imbécile et il est temps pour toi d'abandonner ton gîte, si tu ne veux pas tomber sous le plomb du chasseur ou être grillé comme un renard dans sa tanière ! Aussi, c'est ce que je me proposai de faire à l'instant ; mais l'homme propose et le diable dispose quelquefois. À peine avais-je levé le pied lestement que je fus saisi, garrotté comme une momie égyptienne par les soldats anglais et entraîné à leur remorque comme un vil scélérat. Il fallait bien me résigner, et je commençai à réfléchir sérieusement sur ma peu enviable position. Je m'acheminais piteusement vers je ne sais où, lorsque je fus agréablement surpris de voir accourir vers moi le cap. Globenski mon gendre, qui, sans demander de permission à mes sbires, coupa mes liens et m'arracha des mains de cette soldatesque sans gêne et furibonde, qui vociférait contre moi les noms prosaïques de *damned rebel, damned...* et qui était loin de me faire le yeux doux.

Malgré son innocence reconnue, l'autorité militaire ne voulut pas relâcher le prisonnier, et ce respectable bourgeois dut passer plusieurs mois à la prison de Montréal. Quelques-uns des prisonniers furent gardés à vue dans leur propre demeure, mais la plupart furent entassés dans un vaste caveau en pierre appartenant à M. Féré.

Note : Ce vieux hangar est bien connu des citoyens de Saint-Eustache. Il servit longtemps d'entrepôt de marchandises au magasin Champagne. Un incendie, en 1910, l'a ruiné et on a dispersé aux quatre coins du ciel ces pierres témoins de scènes tragiques.

Ce hangar n'avait aucun ameublement et n'était pas chauffé. Les prisonniers y grelottaient étendus pieds et poings liés sur la paille humide. Ils reçurent fréquemment la visite des volontaires au cours de la soirée et les soldats qui leur reprochaient avec force railleries et quolibets leur folie, et leur annonçaient qu'il n'y aurait pas de pitié pour eux. C'est à peine si on leur donna un peu de nourriture pour apaiser leur faim. Quelques-uns, en bien petit nombre, furent relâchés le lendemain, les autres prirent la route de Montréal à la file indienne, attachés, deux de front, les uns aux autres.

Triste nuit pour ces pauvres égarés que celle qu'ils passèrent sous les voûtes sombres et humides d'un vieux hangar !

Et maintenant la journée du 14 décembre est finie. Le silence se fait peu à peu dans le malheureux village. De temps en temps encore, la paix de la nuit est rompue par les rires bruyants de soldats ivres ou le fracas de murs qui croulent sous l'incendie. On dort au camp de Colborne pendant que veillent les sentinelles. Autour des maisons incendiées des pillards maraudent encore ; des prisonniers arrivent des concessions éloignées. La lune éclaire sinistrement ces spectacles de deuil et de mort. Sa lumière blafarde permet de reconnaître, sur la neige des champs, ou près des flaques d'eau du cimetière, des cadavres de patriotes.

Vers minuit, écrit un Anglais (le capitaine Maryatt, dont le récit a été publié dans *Le Patriote canadien,* le 1er janvier 1840), que tout était silencieux, je me rendis à l'église accompagné de l'un des aides de camp de Colborne ; le comble s'était écroulé et les flammes avaient perdu de leur force faute d'aliments. Comme nous passions près d'une maison où le feu venait de prendre, nous entendîmes un cri, et en allant en haut nous trouvâmes un pauvre Canadien blessé, tout à fait incapable de se mouvoir, que les flammes allaient atteindre. En peu de minutes il eût été brûlé tout vivant. Nous le traînâmes dehors et nous le donnâmes en soin à des soldats qui l'apportèrent à l'hôpital.

Mais qu'était-ce en comparaison de la scène qui se passait dans l'église ! Il y a quelques semaines elle était pleine d'une foule de personnes agenouillées en adoration et en prière. Je me représentais les prêtres catholiques avec leurs magnifiques étoles, l'autel, les chandeliers et les ornements, la musique solennelle, l'encens et tout ce qui frappe les sens et qui est propre à inspirer de la religion aux ignorants et aux personnes sans éducation ; et maintenant quelle scène s'offrait à ma vue ! Rien que de murs nus et noircis, des poutres et des chevrons qui achèvent de se consumer ! Sur le plancher réduit en charbon, l'on voyait ici et là les restes de créatures humaines, plus ou moins endommagés ou détruits par le feu. Les unes, n'ayant eu que leurs habits brûlés, laissaient voir leurs corps nus; les autres étaient assez brûlées, d'autres étaient tellement consumées que les viscères étaient visibles.

Non seulement dans l'intérieur de l'église, mais hors de ses murs était le spectacle le plus révoltant. Dans les ruines de la chapelle des morts, se voyaient plusieurs cadavres entassés et qui brûlaient; les tréteaux sur lesquels se mettaient les cercueils servaient de matière combustible; plus loin étaient des cadavres endommagés par le feu, mais gelés et durcis par la rigueur de la température.

Triste et lugubre spectacle auquel ont dû assister en esprit des centaines de Canadiens, cachés dans les bois ou les villages voisins, qui, à la lueur, suivaient les ravages de l'incendie l'âme inquiète sur le sort d'un frère, d'un fils ou d'un époux !

Terribles représailles que n'avaient sûrement pas méritées de malheureux insurgés plus à plaindre qu'à punir !

« Mais le loup mange et dévore », n'a pas hésité d'écrire M. Paquin, et il ne craint pas, lui, loyal sujet et franc bureaucrate, de tenir Colborne responsable de ces atrocités et de ces désastres. Le jugement qu'il porte sur le généralissime des troupes anglaises à Saint-Eustache me paraît juste et acceptable : « Il était bon, facile, prêt à rendre service, mais son mauvais entourage et l'effroi qu'on avait répandu sur les terribles combats à livrer dans le nord lui avaient fait perdre la tête et le cœur d'homme. »

VI

AU CAMP DE SAINT-BENOÎT

Nous avons laissé les organisateurs du mouvement insurrectionnel dans le district des Deux-Montagnes en fuite au moment où les Anglais tiraient leur premier coup de canon contre Saint-Eustache. Il est temps de faire connaître leur sort avant de raconter les incidents de la journée du 14 décembre au camp de Girouard, au Grand-Brûlé.

Au matin de la bataille tous les chefs de la révolte à Saint-Eustache étaient présents. Tous, moins Chénier, prirent la fuite. L'abbé Chartier, les Delorimier, le Dr Brien, Féréol Peltier furent les premiers à déguerpir. Ils gagnèrent Saint-Benoît d'abord, puis, par les concessions éloignées, pour éviter les bataillons de volontaires qui guettaient partout les fuyards, atteignirent Berthier. Ils traversèrent le fleuve vis-à-vis de Sorel et se cachèrent quelque temps. Mais l'endroit était peu sûr, et bien gardé par les troupes anglaises ; ils poursuivirent leur route vers les cantons de l'est, à Drummondville. Ce voyage, à pied la plupart du temps, par un froid intense et des chemins difficiles, fut marqué de misères sans nombre et d'incidents fâcheux. Trois fois les fugitifs furent arrêtés comme suspects, mais ils parvinrent chaque fois à s'évader des mains de leurs gardiens et purent enfin se mettre en sûreté de l'autre côté de la frontière.

Richard Hubert paraît avoir montré plus de bravoure ; il assista au commencement de la bataille. Il était à cheval en avant des cent cinquante patriotes qui allaient déloger la compagnie du capitaine Globenski. Entraîné avec les autres dans le sauve-qui-peut qui suivit le premier coup de canon anglais, il put atteindre sain et sauf Saint-Benoît. Il prit la route du sud et alla se cacher à Saint-Antoine, chez Côme Cartier, frère de Georges-Étienne. Un individu de Verchères dénonça le patriote ; celui-ci fut arrêté et conduit à la prison de Montréal, où vint le rejoindre bientôt le notaire A.-B. Papineau, de Saint-Martin.

Tout autre fut le sort de l'aventurier Girod. Après avoir placé sa troupe aux points stratégiques du village de Saint-Eustache, il prit le chemin de Saint-Benoît, sous prétexte d'aller chercher du renfort. Quelques patriotes, le voyant galoper par les rues dans un moment si critique, voulurent le tuer. « Il faut que je lui flambe la cervelle, aurait dit en particulier Marcel Charbonneau, car il nous a souvent dit de faire feu sur lui s'il reculait d'un pas et s'il n'était pas toujours à notre tête. » Le mauvais fusil du patriote ne rendit sa charge qu'à la quatrième amorce, alors que le général tournait à toute bride à l'extrémité du village et s'engageait sur la route du Grand-Brûlé ; il ne fut pas atteint. À l'auberge de M. Inglis, à la Grande-Frenière, Girod fit reposer sa monture quelques instants, et après s'être fait servir un grand verre d'eau-de-vie reprit en toute hâte le chemin du camp de Saint-Benoît.

En ce moment, le combat faisait rage autour de Saint-Eustache. On entendait distinctement, à plus de dix milles à la ronde, le grondement continu du canon. Déjà même la fumée de quelques maisons incendiées couvrait l'horizon d'un nuage opaque. On devine la surprise de M. Girouard de voir arriver chez lui, à plus de six milles du champ de bataille, le général en chef des insurgés. Sous les reproches cinglants du chef de Saint-Benoît, Girod crut bon de gagner la demeure du Dr Masson, où l'attendaient de plus dures paroles et de plus tragiques incidents. Aux mots de lâche !

traître ! que lui lance à la face le docteur, le général bondit et braque un pistolet sur son interlocuteur, pendant que ce dernier, armé d'un tisonnier, allait l'écraser sous le coup. « Nous n'avons pas de temps à perdre, leur cria Damien Masson présent à la scène, vite, armons nos gens et volons au secours de Chénier, nous verrons qui est un lâche. »

On réunit à la hâte quelques jeunes gens, qui se mirent en marche vers Saint-Eustache, conduits par les deux Masson et Girod. Girod profita d'un moment de répit pour se glisser dans une chambre et s'esquiver par une fenêtre. Un attelage stationnait à la porte de l'auberge; le général s'en empare et se sauve au grand galop du cheval, du côté de Sainte-Thérèse. Le malheureux n'en avait plus que pour quelques jours de vie. Le vendredi et le samedi, il erre à Sainte-Thérèse, à Terrebonne et à Lachenaie, logeant où il peut, dans les granges souvent, quêtant des vivres chez les habitants qui, sans le connaître, ne se soucient guère de garder chez eux un hôte très suspect. Le dimanche soir, 17 décembre, il est à la Rivière-des-Prairies, chez un nommé Robert Turcotte. Il espère que ce dernier le conduira chez lui à l'île Sainte-Thérèse. – « Il est impossible de traverser », lui réplique Turcotte. – « Qu'allez-vous faire de moi ? » reprend Girod. – « Nous sommes trop de monde ici, ajoute l'habitant, nous ne pouvons vous garder. » – « On me fuit comme la peste », aurait répété avec amertume le généralissime des patriotes. Turcotte consentit cependant à le conduire de nuit chez M. Joseph Laporte de la Pointe-aux-Trembles, un ami intime du fugitif. Pendant que Girod se reposait chez Laporte, Turcotte prenait secrètement la route de Montréal pour le livrer aux autorités. Mais les routes et toutes les avenues de Montréal étaient bien gardées pendant ces jours de loi martiale. Un piquet de volontaires, posté chez M. Handyside à la Longue-Pointe, arrêta le dénonciateur. Il dut coucher là, mais il apprit au corps de garde le but de son voyage et la cachette de Girod. Dix hommes armés, sous le commandement de M. Clarke, partirent aussitôt à la recherche du fugitif. Ils fouillèrent plusieurs maisons de la Pointe-aux-Trembles, entre autres celles de MM. Beaudry et Laporte ; mais Girod était sur ses gardes et, déguisé en mendiant, se sauvait en ce moment vers le Bout-de-l'île.

La troupe se mit à sa poursuite et le trouva sous le pont qui traverse une coulée, à un mille à peine du Bout-de-l'île. Girod essaya d'atteindre le fleuve, lorsqu'il fut entouré par les soldats sur une éminence, juste en face de sa maison de l'île Sainte-Thérèse. À la sommation de se rendre il répondit : « Je ne veux pas mourir comme mon père, dans les prisons. » Il tira de sa ceinture un révolver et se flamba la cervelle.

Ainsi périt cet homme dont les antécédents sont encore une énigme, et dont la vie en Canada ne fut qu'une suite d'intrigues, d'agitations et de forfaits politiques. Il contribua beaucoup par son audace et ses fourberies aux désordres, aux vols et aux pillages qui signalèrent le passage des patriotes dans plusieurs paroisses et principalement à Saint-Eustache.

Ces événements se passaient aux premières heures du jour du 18 décembre. Au cours de la matinée, le corps du malheureux fut ramené à Montréal dans une traîne. Les lois du temps prescrivaient d'enterrer les suicidés sans cérémonie, sur la voie publique, avec un pieu en travers du corps. Ainsi fut inhumé Girod, sous la surveillance du Dr Arnoldi et d'un piquet de volontaires. On ne prit pas la peine d'enfouir le corps du malheureux à grande profondeur, le docteur prétendant qu'on l'enlèverait bientôt, et que d'ailleurs « c'était tout ce qu'avait mérité ce chien-là ». Tels sont les honneurs avec lesquels a été enterré, « en dehors de Montréal, sur le grand chemin au-dessus du faubourg Saint-Laurent, le soi-disant général Amury Girod, commandant en chef des rebelles du comté des Deux-Montagnes ».

Note : L'endroit précis de la sépulture est l'angle des rues Sherbrooke et Saint-Dominique, là où est aujourd'hui (1937) l'asile du Bon-Pasteur.

À Saint-Benoît, la journée du 14 fut une des plus mouvementées qu'ait connues jamais l'infortuné village. Aussitôt que le curé Chartier eût annoncé l'arrivée de la puissante armée anglaise à Saint-Eustache, on put comprendre quelle serait l'issue du combat. Les chemins étaient remplis de fuyards, hommes, femmes, enfants, qui venaient chercher protection à Saint-Benoît. Bientôt les chefs y passèrent à tour de rôle. Tout cela démoralisa, au dernier point, le camp des insurgés. Au cours de l'après-midi la petite troupe qui avait escorté Girod jusqu'à la Grande-Frenière revint à Saint-Benoît avec quelques patriotes échappés du combat, et apporta des nouvelles plus certaines et plus précises : le village cerné par une formidable armée, les insurgés bombardés incessamment par de nombreux canons et traqués comme des bêtes fauves par l'incendie, des morts, des blessés, des prisonniers, des incendies et des pillages qui se poursuivent avec fureur.

Girouard prit le parti le plus sage dans les circonstances : conseiller à ses gens d'abattre leurs retranchements, de cacher leurs armes et de s'en retourner chez soi. Les chefs se réunirent chez Dumouchel et l'on discuta vivement ce plan. Quelques-uns furent d'avis qu'il fallait continuer la lutte ; la plupart cependant se rangèrent à l'avis de Girouard. C'est les larmes aux yeux que plusieurs déposèrent leurs armes et se résignèrent à leur malheureux sort. M. Dufresne, curé d'Oka, vint voir les insurgés et les encouragea à persévérer dans leur dessein de se rendre à discrétion. On choisit, sur-le-champ, quatorze parlementaires qui devaient aller à la rencontre de Colborne, le lendemain, pour faire leur soumission en leur nom et au nom de Saint-Benoît. On décida même de laisser au village quelques centaines d'insurgés, désarmés, qui se remettraient entre les mains du général anglais dès son entrée à Saint-Benoît. Quant aux chefs, tous furent d'avis qu'ils compromettraient la cause de l'apaisement s'ils demeuraient au camp et on leur conseilla de chercher leur salut dans la fuite.

Une partie de la soirée se passa à exécuter ces décisions. On abattit à la hâte les retranchements et l'on déposa en lieu sûr les armes pour les remettre au vainqueur. Puis chacun, dans une excitation et une crainte bien justifiées, tenta de mettre en sûreté sa petite fortune et sa personne.

Chez Girouard on empaqueta avec soin les papiers, les livres, parmi lesquels se trouvait l'Histoire du Canada manuscrite du Dr Labrie et mille autres choses précieuses, pour les transporter à la maison d'un M. Richer, à quelques arpents du village. Mesdames Girouard, Dumouchel et Lemaire voulaient fuir : le notaire Girouard leur conseilla d'attendre les événements dans la maison Richer, en se confiant en la Providence et en la générosité des officiers supérieurs de l'armée de Sa Majesté.

Madame Masson avec ses quatre plus jeunes enfants n'osa pas affronter les vainqueurs de Saint-Eustache et la fureur des volontaires de Gore et de Chatham. Elle mit en sûreté quelques-uns de ses meubles, ses provisions de ménage, et prit le chemin de la Côte Saint-Vincent emportant ses livres de comptes et une petite chienne que la petite Adéline, sa fille, portait dans ses bras. Un cultivateur, Antoine Lalonde, qui voyait passer les fugitives, grelottantes de froid et harassées de fatigue, fut ému d'une si grande infortune et les logea chez lui, au risque de subir la vengeance anglaise.

Les chefs de Saint-Benoît, après avoir assuré la vie de leurs concitoyens et de leur propre famille, songèrent à se mettre eux-mêmes à l'abri des représailles.

Jean-Baptiste Dumouchel prit le chemin de la montagne du Lac. Il avait fait à peine quelques milles lorsqu'il fut trahi lâchement par un de ses anciens protégés, arrêté et livré aux soldats de Colborne à Saint-Eustache. Ce respectable citoyen méritait, et par son âge et par les grands services qu'il avait rendus à son pays comme juge de paix et major de milice, au moins quelques égards. Il dut subir, poings liés derrière le dos, et des heures durant, les brutalités et les injures d'une soldatesque effrénée. On l'obligea à faire le trajet de Saint-Eustache à Montréal à pied, par un froid tellement intense qu'il eut les deux pieds gelés et qu'il rapporta de ces tristes jours de privations de toutes sortes la maladie qui l'emporta en 1844.

Ses deux fils, Hercule et Camille, poursuivis eux aussi par les réguliers et les volontaires qui infestaient les routes, se cachèrent dans une cabane à sucre dans la montagne en arrière de la Mission d'Oka. Ils furent dépistés jusque-là par les fins limiers de Colborne, arrêtés et conduits à la vieille prison de Montréal, comme leur père.

Les deux Masson prirent la route des États-Unis, tard le soir du 14. Ils traversèrent le lac des Deux-Montagnes sans encombre, et parvinrent à atteindre le Saint-Laurent à la hauteur du canal de Beauharnois. Un batelier qui les connaissait bien se chargea de les conduire de l'autre côté du fleuve. Mais à peine avait-il accompli sa charitable mission, qu'il courut avertir le poste anglais de Côteau-du-Lac de la présence dans ces parages de deux chefs patriotes. Le colonel Simpson lança aussitôt à la poursuite des fugitifs un détachement de cavalerie sous les ordres du capitaine McIntyre.

Les deux Masson furent rejoints en peu de temps, garrottés et amenés prisonniers au Côteau-du-Lac. Ils y passèrent la nuit sans dormir, dans des transes continuelles. À chaque instant ils voyaient entrer dans l'appartement où ils reposaient, des volontaires qui les examinaient curieusement et plaignaient leur sort. Un des visiteurs ne se gêna pas de répéter tout haut près des prisonniers : « Je ne voudrais pas être à leur place, notre colonel vient d'avoir la nouvelle que les prisonniers, en arrivant en ville, seront jugés par la cour martiale et fusillés une demi-heure après. » Le Dr Masson, le lendemain, paraissait convaincu qu'on réglerait son cas sans tarder. Il proposa sérieusement au commandant de le fusiller tout de suite, dans l'enceinte du fort. Simpson le rassura et le fit conduire avec son frère à la prison de Montréal.

Girouard, le chef du camp de Saint-Benoît, fut celui qui hésita le plus à partir. Un patriote, Paul Brazeau, le conduisit, le soir du 14, aux Éboulis. Il traversa le lac des Deux-Montagnes protégé par un nommé Malette, de Saint-Placide, son parent. Des amis et des parents du patriote l'aidèrent encore à gagner le Côteau-du-Lac où il se cacha chez un brave cultivateur, Saint-Amant. Il était là, en parfaite sécurité, lorsqu'une pensée de générosité, qui dit hautement la noblesse de son cœur, le poussa à se constituer lui-même prisonnier. Laissons M. Girouard dans une lettre à sa femme, datée du 16 janvier 1838 et écrite dans la prison de Montréal, nous raconter ce geste :

Qu'il te suffise de savoir pour le moment que j'avais choisi une retraite sûre, jusqu'à ce que je pusse traverser la frontière et me mettre hors d'atteinte du côté de mes ennemis, ce que j'aurais effectué avec facilité en suivant le plan arrêté avec un homme très au fait des routes et sur lequel je pouvais compter. Mais lorsque j'eus appris que tous ou presque tous mes amis s'étaient laissés prendre, que les deux jeunes Masson, et ensuite M. Dumouchel et ses deux fils étaient en prison, j'ai de suite changé ma détermination et j'ai cru que ce serait de ma part une espèce de lâcheté de les abandonner dans une conjoncture aussi pénible et où je pouvais leur être utile. Je résolus donc de me rendre avec eux et de partager leur sort quel qu'il soit. Cependant la difficulté était de faire le trajet sans m'exposer aux insolences et même aux violences de nos ennemis qui gardaient les routes. Avant de laisser Saint-Benoît, j'hésitai et je fus presque tenté d'y demeurer pour tâcher de sauver quelques morceaux du naufrage et surtout pour obtenir des officiers anglais que les papiers publics que j'avais entre mes mains fussent protégés contre le vandalisme des bandes qui ne respiraient que pillage et désolation. Mais il était un peu tard, et je dus me soustraire aux poignards des incendiaires qui ont parcouru mon malheureux comté le jour de Noël. Donc, j'écrivis sans détour mes intentions au colonel Simpson, en lui disant que je n'aurais aucune objection à me remettre entre ses mains, persuadé que j'étais de son honneur et de sa générosité, et, qu'avec sa protection je pourrais rejoindre mes amis sans être exposé aux risées, aux infamies et même aux brutalités auxquelles plusieurs patriotes ont été exposés en allant à la prison. Et le lendemain, un peu après midi, j'y étais rendu sans que personne ne le sût.

Qui pourra nous dire les souffrances physiques et morales endurées par ces fugitifs, les transes mortelles et les larmes des mères, des épouses, dans ces jours tragiques ! Girouard, à son passage aux Éboulis, a été témoin d'angoisses indescriptibles, et dans la même lettre à son ami Morin, citée plus haut, il a ce passage à la louange des femmes de notre pays :

Que de douleurs et de chagrins, mais en même temps que de fermeté, de courage et de grandeur d'âme chez nos femmes canadiennes ! Ah ! s'il m'était jamais donné d'aller quelque jour à Saint-Benoît, oui, je veux rassembler toutes ces généreuses patriotes pour leur témoigner ma reconnaissance ; elles qui m'entourèrent des soins les plus touchants et refusèrent l'or qu'on leur offrait à pleines mains pour découvrir ma retraite.

Le soir du 14 décembre le village de Saint-Benoît présentait l'aspect le plus lamentable et le plus désolé qui se puisse voir. Son église est sans gardien officiel, sans prêtre pour protéger l'hôte divin du tabernacle des profanations qui s'annoncent. Le presbytère est vide, sombre et froid. Le ciel semble irrité : il a frappé le troupeau et l'a dispersé avec son pasteur.

Bien des toits sont fermés ; bien des foyers sont éteints, faute d'habitants. Les Girouard, les Dumouchel, les Masson et d'autres en grand nombre courent sur les routes pleines de neige et cherchent partout une demeure hospitalière. Des femmes, des enfants, des vieillards fuient l'armée qui va venir, et se cachent dans les rangs, dans les bois, sous les toits amis des villages voisins. Des rencontres tragiques se font, des nouvelles déchirantes s'apprennent inopinément. C'est ainsi qu'à la maison où se cachait Madame Masson on vit arriver, tout à coup, une femme harassée de fatigue, grelottante de froid. Elle vient de Rigaud et a traversé le lac des Deux-Montagnes à pied, pour venir se rassurer sur le sort de son malheureux frère, le Dr Chénier. Madame Masson a tôt fait de reconnaître son amie de Rigaud, à laquelle elle annonce avec larmes la mort de son frère. Et à son tour, la sœur de Chénier parle et perce le cœur de Madame Masson en lui racontant l'arrestation, au Côteau-du-Lac, de Luc et de Damien, ses deux fils.

Note : Parmi les nombreux et riches documents que possède le notaire Girouard de Saint-Benoît, j'ai trouvé une lettre d'un nommé Josiah Temmins, de Québec, adressée à Bagot, en 1842, alors qu'on parlait de l'entrée au ministère de l'ex-chef des rebelles. Cette pièce incrimine Girouard et Simpson. Le premier se serait livré à un ami pour ne pas mourir de faim dans les bois ; le second, « son coadjuteur dans le crime », prétend Temmis, l'aurait trahi pour avoir les 500 £ promis pour son arrestation. Le document n'incrimine sérieusement que son auteur : un ennemi acharné du nom français et catholique, prêt à la rébellion si on ne se rend pas à ses désirs.

Bien des familles cependant sont restées à Saint-Benoît. Elles croient à la générosité britannique et attendent les événements. Rien au village de l'animation des jours passés. Plus de camp, plus de retranchements, plus d'avant-postes que gardent des sentinelles. Par ci par là, dans certaines maisons ou, au carrefour des rues, des groupes d'hommes parlent avec anxiété ou discutent passionnément. Ce sont les soldats du camp, désarmés, au nombre de trois cents, qui restent à Saint-Benoît pour implorer la clémence du vainqueur et faire leur soumission.

S'il est vrai, comme le pensaient d'ailleurs des chefs très sensés et très influents, tant civils que religieux, que l'insurrection dans le Bas-Canada, paraissait définitivement mâtée après les victoires anglaises sur le Richelieu, il est, ce soir du 14 décembre, de toute évidence qu'elle est cruellement écrasée. Saint-Eustache n'est plus ; soixante patriotes sont morts à la bataille ; plus de cent prisonniers gémissent dans les cachots ; les chefs en fuite tombent drus comme des mouches dans les filets habilement tendus sur toutes les routes. Saint-Benoît est encore debout, il est vrai, mais il n'a plus d'armes, ni de défenseurs. C'est un village ouvert, tremblant et repentant.

Que peut désirer de plus Colborne ? Mais il était décidé que l'on marcherait contre Saint-Benoît. Dès l'arrivée de l'armée anglaise à Saint-Eustache, un courrier partait pour Carillon. Le généralissime des troupes britanniques ordonnait à Townshend de venir faire sa jonction avec lui, le 15, à Saint-Benoît. Le commandant à Carillon ne fut pas lent à obéir à son chef : dès le 14 au soir, il poussait en avant une partie de ses bataillons, qui vint camper dans la baie de Carillon. Ces loyaux sujets se préparent à la triste besogne qu'ils accompliront le lendemain : ils se font la main au pillage et aux incendies sur les fermes des patriotes. Et de voir dans la nuit briller ces feux, ajoute à l'anxiété des malheureux habitants du district.

Ce n'est plus la guerre qui se continue; ce n'est plus l'attaque contre des camps armés : c'est le brigandage des troupes qui saccagent tout sur leur passage; c'est le vol, l'incendie, organisés sous la protection des généraux, d'officiers britanniques, de milliers de fusils chargés et de canons bourrés jusqu'à la gueule. C'est l'explosion la plus cynique de la haine orangiste contre une population révoltée, il est vrai, qui avait de grands torts, sans doute, mais qui les avait reconnus et, à genoux, implorait pardon.

Ce qui va suivre et se dérouler dans le reste du comté, est l'œuvre de la vengeance anglaise et du fanatisme protestant.

VII

LA MARCHE VICTORIEUSE

Le matin du 15, de très bonne heure, M. le vicaire Desèves entrait au village de Saint-Eustache. On permit au prêtre de visiter les blessés et les prisonniers, avec son confrère M. Turcotte, qui avait passé la nuit à l'hôtel Addison. M. le curé Paquin vint à son tour consoler les détenus et parvint même à en faire élargir quelques-uns. Ces visites apaisèrent les craintes des patriotes que des procédés inhumains et des récriminations intempestives n'avaient fait jusqu'ici qu'aviver. Les trois prêtres se rendirent ensuite à l'église pour constater avec douleur sa destruction totale. Rien ne restait que les décombres du riche vestiaire de la sacristie. On retrouva cependant un coffre-fort intact ; il contenait les épargnes d'une riche veuve de la paroisse. Les ornements sacrés, les reliquaires précieux, les vases d'or et d'argent étaient la proie des ravisseurs.

Le curé de Saint-Eustache se vit contraint d'emprunter aux paroisses voisines des ornements et des vases sacrés pour célébrer les saints mystères dans une maison d'école.

Au moment même où les prêtres entraient au village incendié, l'armée se préparait à continuer sa marche victorieuse vers Saint-Benoît. Colborne laissa à la garde de Saint-Eustache la compagnie de volontaires de Globenski. Cavaliers, artilleurs, régiments de réguliers et volontaires sous leurs commandants respectifs, reçurent leur ordre de marche, entrèrent en rang et attendirent le départ. Vers 9 heures le clairon retentit, et l'immense armée anglaise s'ébranla, fusil chargé sur l'épaule, à travers les rues désertes du village pour entrer bientôt dans le rang du Grand-Brûlé.

Colborne croyait-il aux rapports exagérés des chouaguens qui faisaient de Saint-Benoît une forteresse imprenable, défendue par des milliers de patriotes et du canon ? Nous ne le pensons pas. La piètre résistance qu'avait pu lui opposer le camp de Saint-Eustache lui disait officiellement la faiblesse du camp de Saint-Benoît. L'œil exercé d'un vétéran des armées de Wellington ne pouvait se laisser tromper si aisément, sur un point d'une telle importance. D'ailleurs, eût-il encore cru sincèrement à une résistance désespérée de la part des insurgés du Grand-Brûlé, de contempler du haut de son cheval le long défilé de ses bataillons pouvait plus que le rassurer sur l'issue du combat : c'est bien une marche victorieuse qu'entreprenaient le général et ses braves lieutenants !

En tout cas un incident va leur apprendre ce qui les attend dans les autres villages insurgés. L'armée venait à peine de traverser la rivière du Chêne sur le pont du Moulin que les éclaireurs signalèrent un groupe d'hommes qui s'avançaient vers eux. À leur costume on reconnut des patriotes. Ils étaient sans armes et portaient au-dessus de leurs têtes un drapeau blanc. C'étaient les quatorze délégués choisis la veille à Saint-Benoît et envoyés par MM. Girouard et Dufresne, curé d'Oka, pour venir faire, en leur nom et au nom de leurs concitoyens, leur entière soumission. Sur l'ordre du général l'armée fit halte et les parlementaires approchèrent. Le vieux décoré de Waterloo ne descendit pas de cheval pour recevoir ces tuques bleues ; l'entrevue eut lieu sur le chemin du roi, en présence des troupes. James Brown, servit d'interprète et traduisit en anglais la requête des citoyens de Saint-Benoît.

Colborne apprit que sa victoire de la veille a terrorisé la contrée et dispersé le camp de Saint-Benoît, qui d'ailleurs ne compta jamais plus de 400 à 500 patriotes. Les quelques centaines qui y restent ont abattu les retranchements et remettent leurs armes entre les mains des Anglais. Ils n'ont plus de chefs, presque pas de munitions, peu de fusils et un seul canon : ils comprennent que ce serait folie de lutter contre une armée régulière de plus de 2 000 hommes. Colborne apprit aussi que l'on comptait sur la générosité de son cœur de soldat pour épargner de paisibles citoyens et ramener la paix dans un malheureux village. Il en parut touché. Il promit sa protection aux citoyens de Saint-Benoît. Il renvoya les députés en leur ordonnant de désarmer leurs concitoyens, les prévenant que si un seul coup de fusil se tirait sur ses troupes il mettrait tout à feu et à sang.

Ces bonnes nouvelles, qu'apportèrent en toute hâte les quatorze délégués, rassurèrent nombre de citoyens, des femmes et des enfants surtout, qui se préparaient à fuir à l'approche des Anglais. On ne peut blâmer, certes, ces braves gens d'avoir ajouté foi à la parole d'un officier supérieur de l'armée de Sa Majesté. Que ceux qui ont permis qu'elle soit violée, brutalement, en portent éternellement la honte devant les hommes et la responsabilité devant Dieu. L'histoire impartiale doit dire que seuls les patriotes ont fidèlement gardé leur engagement.

Quand l'armée anglaise reprit sa marche à travers de paisibles campagnes, elle put voir flotter aux portes des maisons des drapeaux de paix et pas un seul coup de fusil ne fut tiré contre elle. Les seules difficultés qu'elle eut à vaincre sur sa route furent deux faibles retranchements de quelques pieds de hauteur faits avec des branches d'arbres entassées et deux fossés qui furent pontés en quelques minutes.

Les troupes, après un instant de repos à la Grande-Frenière, reprirent leur marche vers Saint-Benoît où elles arrivèrent vers midi. Le village était presque désert et à toutes les maisons se déployait un drapeau blanc. Seuls, près de trois cents patriotes s'avançaient au-devant des vainqueurs. Ils firent leur soumission au général, lui remirent les armes et les munitions qu'ils possédaient et attendirent sa clémence. Il se passa alors une scène tragique que nous rapporte Girouard dans une lettre à son ami Morin. Colborne garda quelques-uns des habitants qui venaient de lui exprimer leurs sentiments de loyauté, les fit mettre en rang dans la cour du notaire Girouard et fit braquer sur eux des canons, les menaçant de les exterminer s'ils ne déclaraient pas la cachette des chefs.

Le paysan canadien, poussé à bout, peut faire un excellent rebelle, rarement un traître. Ceux-ci, sous les injures et les outrages sans nom, sous les menaces de mort, gardèrent un héroïque silence. On les relâcha, excepté Paul Brazeau qui, le soir précédent, avait conduit le notaire Girouard aux Éboulis. Les officiers anglais le mirent à la torture pour lui arracher un secret. « Ils lui mirent le pistolet sur la gorge, écrit Girouard, le firent plusieurs fois étendre sur un billot en le menaçant de lui couper la tête, mais le généreux patriote resta ferme, et nos barbares en furent quittes pour leurs violences. »

Sans approuver la révolte et les excès des révoltés, il nous est permis de saluer bien bas ce brave ; il est de cette race supérieure de Bretons et de Vendéens têtus, armés de faux et vêtus de guenilles, qui préférèrent la mort au déshonneur !

L'état-major décida immédiatement de passer la nuit au village pacifié. S'il faut en croire Colborne, sa conduite, dans les événements qui vont suivre, est exempte de tout blâme. En 1850, il écrivait à un des membres de la commission chargée de faire une enquête pour indemniser ceux qui avaient souffert des pertes en 1837, les lignes suivantes pour se justifier :

À l'arrivée des troupes à Saint-Benoît, environ cent des insurgés remirent les armes, et on leur donna des passeports. Les soldats furent postés régulièrement dans le village par les soins du département du quartier-maître général, et il fut donné à chaque officier des ordres rigoureux pour la protection des habitants et de leurs propriétés... Un officier fut dépêché pour enjoindre au corps des volontaires du nord de s'en retourner dans leurs townships, mais quelques-uns d'eux étaient si loin de leurs demeures, et la nuit était si avancée qu'ils se logèrent dans l'église de Saint-Benoît et dans des maisons avoisinantes. Le lieutenant-colonel Maitland reçut l'ordre de marcher avec le 32e vers le nord le matin suivant, le lieutenant-colonel Townshend devant rester au village de Saint-Benoît pour le protéger, et le reste des troupes devant retourner à Montréal. On trouvera, en regardant aux gazettes de 1837 contenant des dépêches et rapports des événements, et les rapports officiels qui me furent adressés par le colonel Townshend, que ce dernier déclare qu'après le départ des troupes pour Montréal, des feux éclatèrent dans diverses parties du village, et qu'il lui fut impossible, avec tous les efforts des détachements qu'il commandait, d'éteindre les flammes.

Cette lettre du général anglais est un tissu d'inexactitudes et un habile plaidoyer *pro domo*. Colborne parle de cent insurgés qui sont venus faire leur soumission entre ses mains, lorsqu'il sait bien qu'ils étaient près de trois cents, et il tait volontairement la petite scène barbare de la cour du notaire Girouard. Colborne sait que la nuit n'était pas avancée à l'arrivée des troupes de Townshend à Saint-Benoît. Les récits des capitaines Beauclerk, Lysons, une dépêche de Gosford, tous les récits des patriotes, disent que les volontaires de Carillon et de Saint-André entrèrent au village peu de temps après les troupes de Colborne, vers une heure de l'après-midi au plus tard. À la fin du passage de la lettre citée plus haut, le général tire habilement son épingle du jeu. Il semble disparaître de Saint-Benoît, dès le soir du 15 décembre. Il donne des ordres à ses lieutenants, et ce qu'il sait des événements, il l'a appris par les gazettes et les rapports de Townshend, auxquels il renvoie son correspondant. C'est vraiment trop de naïveté.

Colborne a passé la nuit à Saint-Benoît dans la maison du notaire Girouard, et c'est sous ses yeux que des actes de vandalisme furent commis. Il quittera le village au moment où l'incendie fera rage autour de lui. Nous ne croyons pas en ses ordres rigoureux à ses lieutenants de protéger les citoyens et leurs propriétés, puisque, par ses ordres, ses officiers brûlèrent nombre de maisons et de fermes de patriotes ; nous ne croyons pas non plus à son courrier qui va enjoindre aux volontaires de Gore et de Chatham de rentrer chez eux : le gros des troupes de Townshend arrive à Saint-Benoît de bonne heure ; d'autres corps de volontaires arrivent dans la soirée, et d'autres encore, au dire de Colborne lui-même dans une dépêche à Glenelg, tard dans la nuit. Non, Colborne n'a pas volé son surnom de « vieux brûlot ».

Reprenons d'ailleurs notre récit et rétablissons les faits en suivant la marche des volontaires de Townshend, qu'on semble vouloir charger de tous les crimes d'Israël et qui n'ont été, en somme, aidés en cela des réguliers, que les instruments de la vengeance anglaise.

Townshend, nous l'avons dit plus haut, avait le commandement des troupes concentrées à Carillon et qui se composaient de deux compagnies du 24e et de volontaires : en tout au moins 2 000 hommes. Le commandant divisa son armée en deux bandes. La première suivit le chemin qui mène à Saint-André et, par le rang de la Rivière-Rouge, atteignit Saint-Hermas et de là Saint-Benoît, vers une heure de l'après-midi. On pouvait suivre sa marche, au cours de la matinée du 15, aux incendies qu'elle allumait sur son parcours. Le capitaine Laurent Aubry garda longtemps le souvenir de leur passage.

L'autre bande campa, dès le 14 au soir, dans la baie de Carillon. Le lendemain elle traversait Saint-Placide et entrait dans les Éboulis. M. le notaire Girouard était caché dans un petit bois, près du chemin où défilaient les soldats. Il vit le ministre Abbott faire sa provision de dindes et d'autres choses sur les fermes et M. Forbes se charger de butins. Il vit le pillage de la maison du capitaine Mongrain et assista à son incendie. « J'étais à quelques arpents de là... je les vis ces sauvages danser, gambader et jouer de la trompette devant la maison en jetant des cris féroces. » Il vit aussi des fuites éperdues de femmes et d'enfants sur les chemins et à travers champs. La maison de la ferme du Séminaire de Saint-Sulpice, à la Pointe-aux-Anglais, était remplie de jeunes filles en larmes qui s'y cachaient « pour se soustraire aux poursuites et aux brutalités des loyaux et des soldats ». Quand M. Girouard les vit enfin prendre le chemin Saint-Étienne pour gagner Saint-Benoît, il put deviner les scènes de sauvagerie qui s'y dérouleraient.

Aussi l'armée anglaise, forte maintenant de 4 000 hommes bien équipés, se mit tout de suite à son œuvre de brigandage et de destruction. Dès le soir, tout fut pillé à Saint-Benoît, et chacun entassait en lieu sûr le fruit de ses rapines. L'état-major, Colborne en tête, logea chez Girouard, et là comme ailleurs le vol fut autorisé. L'église abrita, cette nuit-là, une bande d'orangistes ennemis jurés de notre sainte religion. Ils brisèrent l'autel, les reliquaires, souillèrent honteusement les vases sacrés, après voir foulé aux pieds les hosties. On poussa l'infamie jusqu'à organiser de burlesques processions où figurent des bêtes avec des étoles au cou et des hommes en aubes blanches et en chasubles.

Si nous n'avions que les récits des patriotes pour nous apprendre ces horreurs, il serait peut-être permis de croire qu'ils ont noirci à dessein des adversaires exécrés. Mais un passage d'une lettre de l'évêque de Montréal à l'évêque de Québec confirme les dires de Girouard :

Votre Grandeur ne peut se faire d'idée du mauvais effet qu'a produit chez nos gens le fanatisme des constitutionnels qui ont profané l'église de Saint-Benoît. Il paraît que ces ardents protestants étaient ravis de pouvoir insulter à tout ce que nous vénérons. Un Canadien, qui n'est pas dévot mais qui a encore un reste de religion, m'a affirmé qu'étant entré dans l'église de Saint-Benoît, après que les volontaires s'en fussent emparés, il y vit avec horreur les chevaux couverts de chasubles, les autels renversés, les marches même arrachées, en un mot, l'église dans une confusion horrible.

M. Ducharme m'a dit qu'un des protestants de sa paroisse, qui s'est toujours montré un ultra-fanatique, s'est vanté à lui d'avoir conseillé la canonnade contre l'église de Saint-Eustache et d'être entré à cheval dans celle de Saint-Benoît. Ces nouveaux Philistins profitent du temps où le Seigneur est irrité contre nous pour insulter à l'Arche sainte : mais un jour viendra où ils paieront chèrement leur sacrilège.

Et l'armée anglaise ne s'en tint pas seulement aux pillages des propriétés et aux incendies des maisons : elle s'attaqua aux personnes. Quelques familles de patriotes étaient restées à Saint-Benoît ; elles furent violemment tirées de leurs demeures et jetées sur le chemin. Des femmes respectables, telles les dames Dumouchel et Girouard et les demoiselles Lemaire et Masson eurent à subir les injures des soldats. Poussées sur la route, par un froid intense, deux d'entre elles, les demoiselles Lemaire et Masson, moururent quelque temps après, car défense avait été faite à qui que ce soit de leur donner l'hospitalité. Dans la prison de Montréal où il gémit, M. Girouard en apprenant la mort de Mlle Lemaire laisse échapper ce cri du cœur qui touche jusqu'aux larmes :

La pauvre Olive, ma chère fille, elle que je chérissais tant et qui m'aimait si tendrement ! Elle n'a pu survivre longtemps au froid et aux misères qu'elle a endurés. J'ai appris, ces jours derniers, la nouvelle de sa mort, et je vous avoue que ma sensibilité l'a emporté dans cette catastrophe ; j'ai été affecté jusqu'à en être sérieusement malade... (Selon L. O. David).

Le lendemain, Colborne prit ses dispositions pour le retour de ses régiments. Le colonel Maitland avec le 32e reçut l'ordre d'aller recevoir la soumission des habitants de Sainte-Scholastique, de Sainte-Thérèse et de Terrebonne, avant de rentrer à Montréal. Cela paraissait bien inutile puisque Sainte-Thérèse et Terrebonne comptaient à peine une dizaine de patriotes, et Sainte-Scholastique avait envoyé la veille une requête au commandant anglais, signée de M. le curé Bonin, rassurant le général sur les dispositions bienveillantes et loyales de ses paroissiens.

Le 83e et les Royaux, sous les colonels Dundas et Wetherall, reviendront à Montréal lentement, le premier devant passer la nuit à Saint-Eustache, et le second à Saint-Martin ; les corps de volontaires les accompagnaient. De son côté le colonel Townshend avec le 24e reconduira chez eux ses soudards et ses sbires. Tous ces officiers ont des ordres de Colborne de brûler certaines maisons de patriotes et de suspects.

Vers 9 heures, le général quitta Saint-Benoît avec son état-major et la cavalerie. Après un court arrêt à Saint-Eustache, il gagna Saint-Martin, où il se reposa chez le curé Mercier. Il conversa amicalement avec MM. Paquin et Desèves qui s'y trouvaient, et voulut même, à leur demande, dépêcher un cavalier pour arrêter les pillages et les incendies. Il rentra à Montréal, le même jour, samedi 16 décembre, vers deux heures de l'après-midi.

Ce départ précipité du général en chef des troupes, dans un moment si critique pour les malheureux habitants de Saint-Benoît et de Sainte-Scholastique, nous surprend. Il confirme notre opinion que, si le général n'a pas commandé la dévastation totale de Saint-Benoît et des alentours, il l'a permise et l'a rendue inévitable par ce rassemblement inutile de 4 000 hommes dans un village soumis, et cette fuite hâtive au moment même où l'incendie est déclaré à Saint-Benoît. Le courrier dépêché pour arrêter les malfaiteurs arrivera trop tard. Colborne le sait parfaitement bien.

Dès le réveil de l'armée anglaise à Saint-Benoît, à l'aube du 16, les dévastations un moment suspendues recommencèrent comme de plus belle. Avant le départ de Colborne le feu prenait à l'église. On parvint à l'éteindre. Il fut mis de nouveau par un nommé MacKay de Saint-Eustache, dit-on, et cela de très bonne heure. M. le curé de Sainte-Scholastique écrit en effet à l'évêque de Montréal, à la date du 17 décembre : « Hier matin, vers 8 heures, une grosse fumée nous a annoncé l'incendie de l'église de Saint-Benoît. Tout le village ensuite a été la proie des flammes. » Girouard affirme, lui aussi, l'incendie matinal du malheureux village. Répondant aux feuilles loyalistes qui prétendaient que tous ces incendies se firent à l'insu du général, il écrit :

Comment se fait-il donc que l'église et le village de Saint-Benoît furent mis en feu pendant que Son Excellence y était, si bien qu'il eut de la peine, en sortant de ma maison (qui fut incendiée une des dernières), à gagner le grand chemin, et que ses chevaux en eurent les poils grillés.

M. Paquin, de son côté, ne craint pas d'incriminer violemment le général Colborne. Les journaux du temps, amis du pouvoir, avant de penser à torturer les faits pour excuser le soldat britannique et leur commandant, racontent d'abord les événements avec une telle simplicité que cela paraît être la vérité. Après avoir atteint les principaux édifices du Grand-Brûlé d'où le feu se répandit et consuma le reste du village, Colborne s'en est revenu et est rentré à Montréal, samedi, à 2 heures de l'après-midi », écrit la *Gazette* de

Québec du 19 décembre. « À Saint-Benoît, dit le *Populaire* du 18 décembre, les patriotes se rendirent à discrétion. Le général les constitua prisonniers, puis il donna l'ordre de brûler tout le village ; ce qui fut accompli après que le pillage eut lieu. » *Le Canadien* du 22 décembre parle à peu près dans les mêmes termes de l'incendie de Saint-Benoît.

Nous n'allons pas jusqu'à incriminer directement Colborne, mais nous croyons quand même qu'il y a dans tous ces témoignages une preuve suffisante pour établir la complicité de Colborne dans tous ces méfaits.

Note : Les lecteurs qui connaissent la conduite de Colborne dans la répression de la révolte du sud trouveront peut-être que nous faisons encore la partie trop belle « au vieux brûlot ».

Vers midi, au moment sans doute où le généralissime se reposait tranquillement à Saint-Martin, le village de Saint-Benoît achevait de brûler. Il ne restait debout, le soir, de cette riche et prospère localité, que deux ou trois cabanes qu'on ne jugea pas dignes du feu. Rien des riches vestiaires de la sacristie ne fut sauvé : tout fut la proie des ravisseurs. Rien non plus ne fut épargné de l'élégante maison de M. Girouard : papiers publics (plus de

10 000 pièces), livres précieux parmi lesquels l'Histoire du Canada manuscrite du Dr Labrie, meubles riches et rares furent réduits en cendres. Puis, leur œuvre terminée à Saint-Benoît, les régiments se mirent en marche pour exécuter les ordres du général et rentrer dans leurs quartiers.

Les Royaux et le 83e, avec les corps des volontaires de Montréal, prirent le chemin de Saint-Eustache. Ils escortaient l'artillerie montée sur des traîneaux, les lourds bagages, les agrès de siège et les prisonniers. On en avait fait quelques-uns à Saint-Benoît, ils vinrent grossir le nombre de ceux qui gémissaient déjà depuis deux jours au hangar de M. Féré. Dundas fit installer ses troupes pour la nuit à Saint-Eustache, pendant que Wetherall avec les Royaux continuait sa marche jusqu'à Saint-Martin où il passa la nuit. Le dimanche, 17 décembre, dans la matinée, quelques détachements des Royaux arrivaient à Montréal avec des prisonniers. Vers 2 heures de l'après-midi le reste des bataillons anglais défilait dans les rues de Montréal. Le spectacle avait attiré de nombreux curieux, les loyaux sujets surtout, qui venaient applaudir aux vainqueurs et insulter les vaincus.

Les troupes passaient fières, arrogantes, au milieu de deux haies de citoyens en délire, et suivies de plus de 100 prisonniers attachés à la file indienne et deux à deux. « Ils avaient l'air le plus misérable du monde », a écrit un correspondant de la *Gazette de Québec*. On reconnaît parmi ces malheureux des chefs : le vieux Dumouchel, les pieds gelés, qui se traîne misérablement, l'aubergiste Coursolles et J.-Bte Richer de Saint-Benoît ; Cabana, Robillard et Dubeau de Saint-Eustache ; Denis et Major de Sainte-Scholastique. Terminaient ce lugubre défilé des voitures chargées de butins : beurre, viande, pains, mobiliers de ménage, instruments de cuisine ou de ferme, objets d'art ou de luxe. Quelques-uns des volontaires poussaient l'audace jusqu'à exhiber, suspendue à leur cou, leur rapine. Les bataillons ramenaient aussi les morts et les blessés de l'expédition et, comme trophées de guerre, des drapeaux. Une bannière en particulier, plus grande que les autres, attirait l'attention de la foule. On y lisait ces mots ; « Institutions électives », que soulignait fièrement un fusil chargé. Cela disait, au plus haut degré, de grands rêves de liberté longuement caressés mais brutalement anéantis par une force inexorable !

Townshend, de son côté, ramena chez eux ses bandes d'incendiaires et de pillards, qui s'en donnèrent à cœur joie dans l'œuvre de destruction qu'ils avaient si bien poursuivie jusqu'ici. Ils se répandirent par petits détachements dans les rangs de Saint-Benoît, de Sainte-Scholastique et de Saint-Hermas, brûlèrent par ordre des chefs quelques maisons et pillèrent indifféremment sur leur route toutes les propriétés. Les côtes Saint-Louis, Saint-Joachim, Saint-Vincent et Saint-Jean furent littéralement saccagées.

Note : Pour s'en convaincre on n'a qu'à jeter un coup d'œil sur la longue liste des habitants de Saint-Hermas, Saint-Benoît et Sainte-Scholastique qui subirent des pertes en 1837.

Dans ce dernier rang, les barbares poussèrent la cruauté jusqu'à arracher brutalement à madame Ménard le lit où elle reposait avec un enfant de deux jours dans les bras. La pauvre femme subit un tel choc nerveux qu'elle en mourut le lendemain. À Saint-Hermas, l'incendie du village et de la chapelle avait été décrété. Mais le curé, M. Louis-Ferdinand Belleau, prévint les coups. Il se porta à la rencontre de Townshend et fit tant que, par ses instances, l'église fut épargnée. Les gens de Gore et de Chatham se reprirent en ravageant et détruisant de fond en comble les propriétés de Charles Chenay, Laurent Aubry, Hercule Dumouchel et Joseph Fortier. Ce dernier réussit à sauver sa maison en jetant par la fenêtre une paillasse enflammée, malgré les coups de fusil des Anglais qui surveillaient ses agissements. Jusqu'à la fin de décembre la terreur régna dans la région, car, après le retour des régiments, des bandes armées parcouraient encore les campagnes les plus éloignées et pillaient et brûlaient jusqu'à Saint-Jérôme les fermes de Narcisse Lauzon et Pierre Danis. M. Bonin écrivait à son évêque le 17 décembre : « Il est à craindre que les habitants de Gore, à qui les armes ne sont pas ôtées, ne s'en servent pour molester nos Canadiens désarmés et que les postes voisins d'eux ne puissent être tenables. »

La lutte devenait de l'acharnement contre tout ce qui a nom français et catholique ; c'est la pensée de Mgr Bourget. « Il y a à Gore et dans les environs, écrit-il à Mgr de Québec le 19 décembre, un tas d'aubergistes qui se plaisent à détruire tout ce qui est catholique et canadien. » Le 21 janvier 1838 il reviendra à la charge pour signaler au même correspondant la mauvaise impression produite par la répression sauvage de la révolte : « Les gens sont convaincus que le gouvernement en voulait à leur religion en voyant la manière dont on a traité leurs églises ».

Le butin des loyaux de Saint-André, de Gore et de Glengarry, fut si considérable qu'à leur retour triomphal, c'était sur le grand chemin un défilé interminable de voitures chargées de lits, de tables, d'ustensiles, d'instruments aratoires, de grains et autres provisions, d'animaux de toutes espèces à deux et quatre pattes qui précédaient leurs nouveaux maîtres. Des feuilles périodiques, qui se faisaient volontiers les thuriféraires du pouvoir, en furent émues. On lit dans *Le Populaire* de cette époque ce passage significatif : « Dans un rayon de quinze milles, il n'y a pas un bâtiment qui n'ait été saccagé et pillé par ces nouveaux Vandales ; loyaux et révolutionnaires, amis et ennemis, familles paisibles ou neutres, femmes, enfants, vieillards, ont été la proie d'une troupe de gens qui n'avaient aucun sentiment d'humanité... Il y a des individus qui ont enlevé jusqu'à cent bêtes à cornes. Tous les grains ont été éparpillés lorsqu'ils n'ont pu être transportés. »

Voilà, certes, un correspondant non suspect, qui vient nous apporter des précisions inattendues sur la conduite des Anglais dans le district des Deux-Montagnes et nous prêter, fort à propos, les expressions les plus justes et les plus fortes pour la qualifier. Jamais peut-être le patriote le plus enthousiaste ne serait allé aussi loin.

Le colonel Maitland, avant de retourner à Montréal, avait pour mission de pacifier les villages de Sainte-Scholastique, de Sainte-Thérèse et de Terrebonne ; ce qu'il fit, disons-le à son honneur, avec plus d'humanité que ses collègues. « Je n'ai qu'à me féliciter du col. Maitland que j'ai traité le mieux possible avec quelques autres », écrira M. le curé de Sainte-Scholastique. Par ordre du colonel, cependant, furent pillées et brûlées bon nombre de maisons, entre autres celles de Lacombe, Barcelo, Major et Danis. À son entrée au village, Maitland rencontre 300 à 400 paysans qui vinrent faire leur soumission entre ses mains et lui remettre une cinquantaine de fusils. Le curé avait donné ordre à ses paroissiens d'arborer partout des drapeaux blancs et de montrer à l'armée les dispositions les plus bienveillantes, ce qu'ils firent avec entrain, en criant au passage des troupes : « Vive la Reine ! »

Le village et l'église furent ainsi sauvés. Le dimanche, 17, Maitland est à Sainte-Thérèse où il est reçu aimablement au vieux presbytère de pierre de M. Ducharme. Le commandant anglais a l'ordre de ses chefs de brûler les maisons Scott et Lachaîne, dont les propriétaires sont compromis dans la révolte. Mais ici, comme à Sainte-Scholastique, la ferme attitude du curé épargne de grands malheurs à ses ouailles. Pendant que le colonel poursuivait sa marche vers Terrebonne, un détachement de cavalerie, composé de MM. Forsyth, Ribeston, Harris, Dease et Connell, fouillait les maisons pour attraper des fugitifs. Ils se saisirent, non loin de

Sainte-Thérèse, de William-Henry Scott et l'amenèrent à Maitland.

Le mardi, 19 décembre, vers 1 heure de l'après-midi, les derniers bataillons du 32e rentraient à Montréal avec deux prisonniers de marque : Berthelot et Scott, de Saint-Eustache.

C'était la fin de la répression de l'insurrection de 1837 dans le district des Deux-Montagnes, par les soldats, mais ce n'était que le commencement de la vengeance anglaise. Elle va s'abattre, inexorable, sans pitié, sur des milliers de victimes : familles des patriotes et suspects, prisonniers, exilés; sur une race entière à laquelle on voudrait enlever tous les droits, civil, politique ou religieux.

Un petit incident tragique, qui se déroule au passage des bataillons du 32e à la Rivière-des-Prairies, nous peint bien la recrudescence inouïe de fanatisme qu'a provoquée chez les Anglais la révolte des Bas-Canadiens. Je le rapporte tel que je le trouve dans les papiers du notaire Girouard de Saint-Benoît. Un nommé François Plante regardait paisiblement, dans la cour de sa maison, défiler les régiments de Sa Majesté. Sans qu'il y eût, semble-t-il, aucune provocation de la part du paysan, un soldat tire sur lui et l'étend raide mort, sur place. Aux réclamations bien légitimes des parents du malheureux on fera cette réponse intéressante :

« Il n'y a rien à faire contre le coupable, il n'a pas fait exprès ! »

Ainsi, voilà des êtres qu'on peut piller, voler, arrêter, tuer impunément : telle sera la position des Canadiens aux yeux du parti anglais au sortir des jours sanglants de Saint-Eustache et de Saint-Benoît ; le chapitre suivant essaiera de la faire mieux comprendre.

VIII
LES VICTIMES

C'est encore un bien triste et bien sombre chapitre qu'il me faut rédiger en ce moment. Qu'on n'aille pas y voir un réquisitoire contre une race étrangère à notre mentalité et à notre religion. Je rapporte des faits avec tout le calme possible, sans qu'il me soit défendu de dire mes propres sentiments lorsqu'ils me paraissent justes et ma sincère indignation lorsqu'elle me semble légitime. Je serais d'ailleurs très heureux d'atténuer mes jugements et de réformer mes avancés, si jamais on venait m'opposer d'autres faits concluants qui en démontreraient la fausseté ou simplement la trop grande sévérité.

À la suite des jours sanglants de la révolte la position des Canadiens devint alarmante. La rébellion était le fait d'un très petit nombre de nos concitoyens et toute la race en devint la victime.

Écoutez la sinistre rumeur qui monte des journaux anglais de Montréal. À Gosford, qui dans sa proclamation du 29 novembre 1837 voulait l'apaisement des esprits et la paix générale, les feuilles loyalistes adressaient les aménités suivantes : « A-t-on jamais entendu parler d'une telle folie et d'une telle fatuité ? Proclamer la paix au milieu d'un peuple en révolte. » Et ces loyaux sujets ridiculisent « cette homélie de la paix », œuvre « de personnes misérables et pusillanimes qui sont à la direction de nos affaires». Le *Montreal Herald* va plus loin. Les Canadiens, à son avis, doivent être désarmés de leurs pouvoirs civils, politiques et officiels, aussi bien que des armes offensives dont se servent leurs chefs sur les champs de bataille. Et le périodique trace à Gosford sa ligne de conduite.

Ce n'est pas l'exécution de six ou huit démagogues, auxquels Son Excellence fait évidemment allusion, qui puisse établir ou conserver la tranquillité dans la Province. Chaque agitateur local dans chaque paroisse doit subir son procès et, s'il est trouvé coupable, il doit perdre ses propriétés et la vie.

Après le coup de feu de Saint-Eustache, la rage des Anglais atteint son paroxysme. Les journaux joignent l'insulte à l'ironie. Ils approuvent et racontent avec esprit « les aventures des gens de

Glengarry, ayant un ministre de leur religion à leur tête, qui s'en étaient retournés chez eux, d'infanterie qu'ils étaient, cavalerie montée ».

Le Canadien français n'a plus le droit de posséder et de vivre sur les rives du Saint-Laurent, c'est le *Herald* qui le déclare :

Pour avoir la tranquillité, il faut que nous fassions la solitude. Balayons les Canadiens de la face de la terre... Il faut que l'intégrité de l'empire soit respectée et que la paix, la prospérité, soient assurées aux Anglais, même au prix de l'existence de la nation canadienne-française tout entière.

Et l'écrivain, emporté dans un tel élan patriotique, complète sa pensée et préconise le grand et noble projet de Winslow en Acadie : établir des cultivateurs étrangers sur les terres de chaque agitateur local, faire progresser ainsi l'agriculture et ramener la paix au pays. Nous sera-t-il permis de dire que c'est vraiment une honte pour la race humaine que de telles sauvageries s'impriment sans soulever un dégoût universel !

L'autorité civile a malheureusement trop écouté ces cris de haine et de vengeance. Gosford en proclamant la loi martiale dans le district de Montréal le 5 décembre 1837, suspendait virtuellement la constitution du Bas-Canada et privait les Canadiens de tous leurs droits politiques. La mesure, par décision de Londres, devait s'étendre au Bas-Canada tout entier, en février 1838. Les Canadiens revenaient au temps du régime militaire de 1760. Ils connurent les ordonnances des Conseils spéciaux de Colborne, de Durham et de Thompson, en attendant l'Union des deux Canadas qui, dans la pensée de ses auteurs, devait consommer définitivement leur déchéance sociale et politique.

Note : Gosford nous quitte en février 1838. Colborne ajoute, à son titre de général en chef des armées anglaises au Canada, celui de gouverneur du Bas-Canada.

C'est le règne de l'autocratie. Les lois qui émanent des Conseils spéciaux de Colborne, de Durham et de Thompson, sont l'expression la plus inique d'une tyrannie sans nom dans l'histoire constitutionnelle d'un pays. Qu'on en juge par l'exposé de quelques lois sorties des officines gouvernementales.

Les personnes en prison sous accusation de haute trahison, ou simplement de suspicion de haute trahison, sont détenues sans le bénéfice du cautionnement. – On suspend la loi qui pourvoit à la sûreté de la liberté individuelle. – Par un simple arrêté du gouverneur, l'argent de la caisse publique sert à payer les dépenses. – Peine de mort contre les exilés qui osent revenir au pays. – Les personnes accusées de trahison, et qui sont en fuite, sont déjà jugées et convaincues de crime. – Droit de perquisition donné aux juges de paix ou à toutes autres personnes nommées par eux, dans les maisons des habitants, et droit de saisir et d'enlever toutes armes et munitions de guerre. – Les cours martiales fonctionnent et fonctionneront au gré du gouverneur, même après la déclaration de la fin de la rébellion. – Juridictions des autres cours du pays suspendues. – Les sentences de mort portées par les cours martiales comportent la confiscation des biens. – Toutes personnes qui prêtent serment de trahir ou de ne pas révéler un secret sont passibles, la première de 70 ans d'exil, la seconde de 21 ans. – Toutes associations ou confédérations secrètes sont condamnées, exception faite pour la franc-maçonnerie. – Droit donné au gouverneur de transférer un prisonnier d'une prison à une autre prison de la province, pour y subir son procès.

C'est tout une population, en grande majorité loyale, mise au ban de la société. À cette première série d'ordonnances contre notre race s'en ajoute une autre en faveur des très loyaux sujets anglais. Lisez : Acte pour créer un fonds en vue de secourir les émigrés indigents. – Indemnité votée à toutes personnes qui, depuis le 1er octobre 1837, ont participé à l'appréhension, à l'emprisonnement ou à la détention de rebelles ou de suspects. – Tout ce qu'il pourrait y avoir d'illégal dans ces emprisonnements ou ces détentions est déclaré légal. Ces personnes sont exonérées de toute poursuite ; elles n'auront qu'à citer en preuve le présent acte et le demandeur paiera le double des dépens au défendeur. – Ceux qui ont arrêté les Canadiens exilés aux Bermudes ou les ont déportés ne peuvent être poursuivis. Le présent acte vaut au Canada et aux Bermudes. – Le gouverneur nommera les juges de paix et les autres magistrats qu'il lui plaira, même si ces sujets n'ont pas les qualités voulues. – Allocation généreuse à la famille de tout volontaire ou milicien loyal, tué en service actif. – Indemnité non moins généreuse aux habitants anglais loyaux qui ont subi des pertes pendant la rébellion.

Voilà un pâle aperçu de la situation faite à l'élément français de cette province par une législation arbitraire et tyrannique. Étienne Parent, le plus modéré des écrivains du temps, saluait ainsi le départ de sir John Colborne :

Sir John Colborne s'embarque aujourd'hui. Sa mémoire durera longtemps au Canada. Si les villages brûlés peuvent sortir de leurs cendres, les habitations pillées connaître de nouveau l'abondance... si le sentiment des souffrances des mères, des épouses, des pères et des enfants peut s'adoucir par le temps et s'éteindre par la mort, il restera ce monument d'ineptie et de dévergondage connu sous le nom d'Ordonnances du Conseil spécial... Sir John a gagné l'immortalité parmi nous.

Cette recrudescence de fanatisme dans les feuilles publiques eut aussi une répercussion terrible sur les agissements des constitutionnels à Montréal et dans la région du Nord. On ne saurait imaginer dans quelle triste situation se trouvait l'élément français dans le district des Deux-Montagnes. Il régnait partout un morne silence voisin du désespoir. Tous les rêves de liberté sont brutalement anéantis. Les chefs sont en exil ou en prison. L'armée et l'autorité civile sont irritées. Le pauvre Canadien attend qu'on veuille bien régler son sort. C'est la victime attachée au poteau et baillonnée, qui attend le coup de grâce. Et le fanatisme a libre cours. La rue Notre-Dame, à Montréal, devint rue Colborne, et nombre d'autres se voient gratifiées de noms anglais. «La honte fit néanmoins justice de cette folle prétention, écrit M. Paquin, les noms anciens restèrent et les nouveaux ne furent, depuis lors, prononcés qu'avec exécration. » Les cris de proscription eurent leur écho dans Deux-Montagnes. Les citoyens des villages de Saint-Eustache, de Saint-Benoît et de Sainte-Scholastique connurent jusqu'à la fin de février 1838, les jours les plus tragiques de leur existence. Ils étaient à la merci d'une soldatesque effrénée. Les volontaires de Gore, de Chatham étaient loin d'être désarmés. Pendant trois mois et plus, ils continuèrent leurs déprédations. Ils dépouillaient de leurs biens de braves citoyens et les laissaient sans abri et sans nourriture sur le grand chemin. Plusieurs de ces brigands étaient installés dans les demeures inoccupées des chefs en fuite, des morts, des prisonniers. Il était impossible aux familles de ces malheureux de recouvrer leurs biens. À leur retour des bois ou des villages voisins, leur place au foyer était prise. Heureux étaient-ils encore si on leur permettait d'occuper un petit coin de leur ancienne propriété. Et ce ne sont pas les seuls récits ou lettres des patriotes qui nous signalent ces expropriations faites par les volontaires à leur profit, au nom du gouvernement. M. le curé Bonin en parle à plusieurs reprises à son évêque. Le bon prêtre supplie Sa Grandeur d'intervenir auprès des autorités supérieures. La paix, dit-il, ne renaîtra jamais si quelques-uns peuvent impunément persécuter les autres. » Mgr Lartigue confirme à son tour les dires des patriotes dans ses réponses au curé de Sainte-Scholastique. « J'irai moi-même aujourd'hui chez le commandant en chef pour le prier de réprimer les gens de Gore. M. Snowdon m'a assuré qu'ils sont coupables de grandes rapines. »

Les cris de rage et de proscription des journaux anglais, comme on le voit, ne sont pas restés lettre morte, mais se sont traduits en actes dans le comté des Deux-Montagnes.

On continua tout de même jusqu'à la fin de février, jusqu'en mai 1838, à opérer des arrestations de braves cultivateurs. En janvier, huit prisonniers : Félix Chénier, Moïse Foisy, François Guérin et Adolphe Marié, de Saint-Eustache ; Louis Charette, Joseph Desnoyaux, Anselme Sanche, de Sainte-Scholastique ; Louis Dubois, de Sainte-Anne-des-Plaines. En février, huit nouvelles arrestations : Alexis Drouin, Jean Richer, James Watts, de Saint-Benoît ; Hyacinthe Drouin, Noël Deschenaux, J.-Bte Dumouchel, de Sainte-Scholastique ; François Pilon, de Saint-Jérôme ; et Neil Scott, de Sainte-Thérèse. En avril et en mai, trois autres prisonniers : Damase Deshaîtres, de Saint-Hermas ; Basile Longpré, de Saint-Jérôme, et Jacques Lacombe, de Sainte-Scholastique.

Les prisonniers, voilà des victimes toutes désignées au fanatisme protestant. C'est contre eux surtout que s'acharnent les journaux et les correspondants. Pas un mot de sympathie ne s'élève en leur faveur. Un citoyen de Montréal, bien avant que le sort des malheureux détenus ne fût réglé par lord Durham, indiquait une punition, d'après lui, digne de leur forfait : pendre à la porte de l'église de chaque paroisse 5 ou 6 citoyens influents, et, si les habitants s'avisent de remuer tant soit peu, les tuer au sortir de leurs maisons « comme on tue des rats à la porte des granges ».

Quand leur sort sera décidé, comme nous le verrons plus loin, Globenski, de Saint-Eustache, croira de son devoir de bon bureaucrate de porter aux autorités les plaintes des Anglais de la région au sujet de la trop grande clémence à l'égard des rebelles. La punition qu'ils méritaient, selon lui, c'était, pour les chefs, la mort ou tout au moins la déportation perpétuelle, pour les autres qui ont pris une part active à la révolte, la confiscation de tous leurs biens.

Et n'allez pas croire à un fait isolé, à une pensée lancée sans réflexion, sous le coup de passions surexcitées. C'est la même antienne qui retentira par toute la province, dans un crescendo formidable à l'égard des prisonniers de 1838. « La pendaison de vingt chefs produira plus d'effets que deux cents morts sur le champ de bataille, écrivait le

Herald. S'il fallait faire à quelqu'un des prisonniers grâce de la potence, ils devraient être tout au moins condamnés aux travaux forcés et à faire, enchaînés ensemble, les chaussées de l'île de Montréal. »

Quelques jours plus tard la brute humaine qui rédige le *Herald*, Adam Thom, que l'autorité supérieure appellera pourtant dans ses conseils, proposera la boucherie en masse de tous les prisonniers, par économie : « Pourquoi les hiverner en les engraissant pour la potence ? »

Et quand la potence est dressée, le même homme, avec une joie qui rappelle celle de l'Iroquois en face de sa victime attachée au poteau de torture, écrira :

Nous avons vu la nouvelle potence faite par M. Bronsdon, dressée en face de la prison. Les rebelles sous les verrous jouiront d'une perspective qui, sans doute, aura l'effet de leur procurer un sommeil profond avec d'agréables songes. Six ou sept à la fois seraient là tout à fait à l'aise : et un plus grand nombre peut y trouver place dans un cas pressé.

Laissera-t-on au moins aux Canadiens le droit de protester contre de telles vengeances et de tels abus de pouvoir ? Les journaux français de Montréal sont suspendus. Lafontaine et le Dr Berthelot de Saint-Eustache, qui savaient tenir une plume, sont emprisonnés. Résultat inévitable, écrira Lafontaine, « de la carte blanche donnée au premier venu d'arrêter qui bon lui semble ». Étienne Parent osera élever la voix en faveur de ses compatriotes ostracisés par le parti au pouvoir. Cinq jours après, le digne journaliste était en prison. Lafontaine avait bien raison de stigmatiser énergiquement Colborne et son administration dans les lignes suivantes :

Dans les siècles où le droit, la justice étaient des mots pour ainsi dire inconnus aux peuples, la tyrannie quelquefois avait au moins des bornes. Ici, au contraire, elle semble devoir durer aussi longtemps que la malice, la haine, la vengeance existeront dans le cœur de l'homme.

Ces cris de rage de l'élément anglais du pays avaient une terrible répercussion dans l'âme des malheureux détenus. À leurs souffrances physiques se joignaient des tortures morales encore plus grandes.

On les avait entassés dans la nouvelle prison de Montréal, au Pied-du-Courant. Ils étaient plus de trois cents, dont cent douze de la région des Deux-Montagnes. Les premiers arrivés furent jetés aux cachots. C'étaient d'étroites cellules, sombres, humides, fétides, où le soleil ne pénétrait qu'à travers une fenêtre grillée, haute et très petite.

Quelques-unes n'avaient que huit pieds de longueur par cinq pieds de largeur, et elles contenaient jusqu'à quatre prisonniers. Ces malheureux durent passer la saison froide sans lits, sans couvertures, choisissant, pour se reposer, « la planche la plus molle ».

Les derniers arrivés ne furent guère mieux traités. On les parqua dans le quartier destiné aux débiteurs, dans la chapelle, et quelques-uns dans l'appartement destiné au geôlier. « Dans la chapelle, nous apprend le notaire Girouard, on a vu entasser jusqu'à quatre-vingt-dix-huit personnes. » Tous ces malheureux n'avaient aucun moyen d'entretenir la propreté dans leurs cellules ou d'en renouveler l'air. Souvent même ils manquèrent d'eau. Les prisonniers de certaines galeries furent jusqu'à vingt-six heures, sans une goutte d'eau. Quelques-uns, pour ne pas mourir de soif, se résignèrent à boire leurs eaux sales.

Les détenus sont mis à la ration. Ils n'ont droit qu'à une livre et demie de pain par vingt-quatre heures, et encore ces pains, pesés un jour devant le shérif lui-même, furent tous trouvés trop légers, la plupart ayant de deux à six onces de moins que le poids requis. On permit cependant à quelques patriotes plus à l'aise de recevoir leurs provisions d'amis extérieurs qui voulurent bien s'en charger.

Défense fut faite à MM. Girouard, Lafontaine et Berthelot, pendant plusieurs mois, de communiquer avec les autres prisonniers. Jamais il ne fut permis à aucun détenu de recevoir leurs parents et leurs amis. On poussa même la cruauté jusqu'à leur interdire longtemps toute correspondance avec leurs familles et toute sortie dans la cour de la prison. Ce n'est que le 29 mai 1838, qu'ils eurent la liberté d'aller prendre l'air et encore, elle leur était accordée de si mauvaise grâce et accompagnée de tant de restrictions, qu'elle devenait presque illusoire. On permit cependant aux prisonniers de recevoir les secours de la religion, et les charitables visites de la révérende Mère Gamelin.

Plusieurs lettres de prisonniers au shérif de Saint-Ours lui firent connaître leurs misères et leurs justes plaintes. Ce que demandaient les patriotes, c'était qu'on leur accordât au moins les libertés communes aux autres détenus. Les réponses du shérif déshonorent sa charge et son nom canadien. Elles n'apportèrent à ces victimes qu'un surcroît de souffrances et d'humiliations.

D'ailleurs tout servait de prétexte à ce loyal sujet pour sévir contre les patriotes. Un jour, un des gardiens lui annonce qu'il a découvert une conspiration. Les détenus fondent des canons, se procurent de la poudre et méditent leur évasion.

Le shérif accourt, « étouffant presque dans sa graisse et tout essoufflé de loyalisme ». On double les gardes, on multiplie les sentinelles qui reçoivent ordre de tirer sur le premier qui ouvre sa fenêtre. Ces mesures prises, l'honorable seigneur de Saint-Ours, aidé de M. Spirs, fouille les patriotes sans découvrir rien de compromettant ou de dangereux. On menace de mettre aux fers les possesseurs du moindre objet suspect. La terreur règne dans la prison. En effet, dans sa rage de loyalisme, «ce très fidèle sujet de Sa Majesté la reine aurait pu prendre le manche d'une savonnette pour l'affût d'un canon ou une lavette pour un écouvillon », et l'on cache tout dans les cellules, jusqu'aux ustensiles de cuisine. Enfin, le zèle de l'honorable conseiller est récompensé : il a saisi deux pièces d'artillerie. La première avait quatre pouces de long : « c'était un restant de tuyau de pompe qu'un prisonnier s'était amusé à boucher et à monter sur des petites roues, pour l'envoyer en cadeau à son petit garçon. La seconde était une seringue qu'un rebelle destinait à la destruction des myriades de punaises qui tourmentent cruellement les prisonniers. »

L'histoire de France a gardé le souvenir de la célèbre conspiration des poudres ; la nôtre a maintenant sa conspiration des canons, grâce à l'honorable conseiller et shérif, le très loyal seigneur de Saint-Ours.

Les journées sont longues aux malheureux détenus. Les jeunes Masson et Dumouchel s'en tirent très bien. Leur santé robuste résiste aux misères. Leur gaieté ne tarit pas : ils jasent, jouent et chantent. Quelques chants composés par ces détenus sont pleins d'énergie et d'une mélancolie qui touche profondément. Girouard écrit, dresse des listes de prisonniers, dessine des portraits ; il sait faire bonne figure à mauvaise fortune. Le vieux Dumouchel, qui s'est gelé les pieds, souffre terriblement. On craint un instant pour ses jours et pour ceux de Berthelot. Les démarches faites auprès de Colborne pour élargir ces malades n'obtiennent que cette réponse : ne laisser sortir de prison que ceux qui sont en très grand danger de mort. On tenta aussi d'obtenir pour le Dr Masson un permis, sous caution, d'aller soigner sa sœur mourante. Le général ne daigna même pas répondre à la lettre. Même procédé à l'égard de Longpré de Saint-Jérôme. Seul soutien d'une nombreuse famille dont le fils aîné était lui aussi incarcéré, il apprend la maladie de sa femme. Il pense bien qu'il suffira de faire valoir qu'il n'y a personne pour veiller et sur sa femme mourante et sur ses enfants, tous atteints de la petite vérole, pour qu'on l'élargisse sous caution. Colborne reste inflexible. Les enfants de ce patriote meurent dans le dénuement le plus complet.

Pendant que gémissaient dans les cachots les prisonniers de 1837, le sort de leurs compatriotes se décidait. Le parti favorable à l'union des deux Canadas reprenait ses intrigues, déjà nouées en 1822. On avait maintenant un prétexte pour imposer cette forme nouvelle de gouvernement aux Canadiens : ils avaient osé prendre les armes contre l'Angleterre. Le parlement britannique accéda à la demande des unionistes et décréta la suspension de notre constitution. Lord Durham, nommé gouverneur, fut chargé de faire une enquête sur la politique canadienne et les troubles de 1837. En mai 1838, Colborne remet les rênes du gouvernement entre les mains du noble aristocrate, lord Durham. C'est ce dernier qui va régler le sort des détenus.

Dès le printemps de 1838, Colborne en avait libéré un grand nombre, arrêtés plutôt par malice et par vengeance. Reste à décider du sort des autres. Colborne les remet, semble-t-il, avec plaisir entre les mains de Durham. Celui-ci était porté à la clémence ; il tenta un expédient : faire signer par un certain nombre un document où ils s'avouaient coupables, et, sans forme de procès, se mettaient à la discrétion du gouverneur. Il pourrait sévir contre les signataires du papier compromettant et amnistier les autres. Son agent, le colonel Simpson, semble-t-il, réussit, après d'assez longs pourparlers, à recueillir huit signatures : Bouchette, Nelson, Desrivières, Masson, Gauvin, Marchessault, Goddu, Viger. Un seul de la région des Deux-Montagnes, le Dr Luc Masson, avait signé ce document. Le 28 juin, il lisait la proclamation qui le condamnait lui et ses sept compagnons à l'exil aux Bermudes. Quatorze autres patriotes, parmi lesquels se trouvait l'abbé Étienne Chartier, curé de Saint-Benoît, tous en exil aux États-Unis, étaient frappés par la même proclamation. On leur interdisait l'entrée du pays sous peine d'être arrêtés et condamnés à mort pour haute trahison. Le même document décrétait l'élargissement immédiat de tous les autres détenus pour crimes politiques.

On sait la suite des événements. À peine les huit exilés étaient-ils arrivés aux Bermudes depuis quatre mois qu'ils apprenaient qu'ils étaient libres. La proclamation de Durham avait été déclarée illégale et inconstitutionnelle par le gouvernement impérial. Le noble lord, froissé dans son amour-propre, avait demandé et obtenu son rappel. La Providence veillait sur les prisonniers et les exilés de 1837. Pas un seul, si on excepte les fugitifs cachés aux États-Unis, n'était sous le coup d'une condamnation, et en novembre 1838 tous, ou à peu près, avaient réintégré leur foyer.

Il restait cependant un fort groupe de Canadiens dans les villes frontières américaines. Leur dénuement est complet. Ils pleurent sur leurs rêves de liberté anéantis, sur le sort de leur malheureuse patrie. Leur torture morale est indicible. Ils ont laissé au Canada un foyer, une femme, des enfants. Pourront-ils les revoir jamais? Plusieurs désespèrent, tels les Danis, les Dumouchel, les Barcelo, les Vallée, les Lemaire, les Prévost. On les retrouve tantôt à Swanton, tantôt à Saint Albans, partout sans ouvrage, rongés d'émoi, dans une crise morale voisine du désespoir. J'ai sous les yeux, en ce moment, un petit cahier de lettres inédites écrites par un de ces exilés, J.-Léandre Prévost, à sa femme, à son frère, à ses cousins... C'est un long cri de souffrance qui émeut jusqu'aux larmes.

D'autres, parmi ces expatriés, réfugiés à Malone ou à Pittsburg [sic], méditent un retour triomphal au Canada et l'établissement «d'une république une et indivisible», sur les bords du Saint-Laurent : tels Duvernay, Brien, Papineau, l'abbé Chartier.

L'ex-curé de Saint-Benoît écrit un jour à son évêque, de Saint Albans. Il espère pouvoir reprendre bientôt son poste. Mgr Lartigue expédie cette lettre à Mgr Signaï de Québec, pour qu'il la communique à Colborne, s'il le croit bon. Quelques jours plus tard, Sa Grandeur annonce à M. Paquin, curé de Saint-Eustache, qu'elle ira, le 17 janvier 1838, faire une enquête sur le cas de M. Chartier. L'enquête eut lieu dans la maison d'un nommé Olivier Richer, à Saint-Benoît, et elle aboutit à l'interdiction du curé patriote.

Note : Les lettres de Duvernay nous apprennent que l'abbé Chartier s'occupa activement de l'insurrection de 1838 : il fut même envoyé en délégation auprès de Papineau à Paris. De retour à New York en 1840, il occupe le poste de supérieur au séminaire de Vincennes, en Indiana. Il fera plus tard une très humble et très belle rétractation publique de ses erreurs et occupera différents postes comme curé, jusqu'en 1853, année de sa mort.

C'était une perte sensible pour la race française que cet exode des patriotes vers les états voisins. On estime que leur nombre, vers 1838, atteignit le chiffre de quatre cents. Plusieurs ne revinrent jamais au Canada.

S'il fallait maintenant compulser les pertes en hommes et en argent occasionnées par la répression de la rébellion au nord de Montréal, on ajouterait de lugubres pages à ces pages déjà lugubres.

Donnons-en cependant un pâle aperçu.

Plus de 112 prisonniers ont expié pendant six mois de prison leur trop grande ardeur patriotique. Quatorze patriotes restent sous le coup d'une condamnation à mort et vivent en exil. Plus de 70 morts et des centaines de blessés ont ruiné de belles familles de Saint-Eustache et de Saint-Benoît, et cela, pour la seule région des Deux-Montagnes.

Le tableau s'assombrit davantage quand on regarde cette contrée autrefois riche et prospère, aujourd'hui ruinée, saccagée, brûlée. Deux villages et une dizaine de rangs littéralement anéantis. Deux églises brûlées, deux presbytères, un couvent, deux moulins à farine, cent onze maisons, douze granges, cent soixante-huit autres bâtiments : soit des pertes estimées à plus de 35 000 £. Au-delà de 575 familles ont perdu en animaux, grains, ustensiles, instruments de ferme, meubles, pour 25 000 £. Des documents inappréciables – plus de dix mille au greffe du notaire Girouard, – l'Histoire manuscrite du Dr Labrie, des collections de journaux, une bibliothèque très précieuse, sont réduits en cendres. C'est encore pour plusieurs milliers de louis au crédit de la glorieuse victoire anglaise de Saint-Eustache.

En tenant compte de l'indemnité que le gouvernement dut payer aux victimes de l'insurrection, de l'argent déboursé pour les têtes mises à prix, pour l'espionnage, pour l'équipement et frais d'expédition de plus de 4 000 soldats et volontaires, on atteint le chiffre, colossal pour le temps, d'un demi-million de louis. Le vainqueur des patriotes au nord de Montréal a fait les choses royalement. Nos paysans, nés malins, l'ont surnommé le vieux brûlot. Saluons-le cependant, en terminant ce chapitre, avec tous les titres que l'Angleterre lui décerne à la suite de ses glorieux exploits : Sir John Colborne, Grand Croix de l'Ordre du Bain, pair du royaume sous les noms de lord Seaton et Devonshire.

F I N

SOURCES ET TÉMOIGNAGES

Pour arriver à décrire et comprendre le mouvement insurrectionnel au nord de Montréal et en particulier dans les villages et paroisses du comté de Deux-Montagnes, Émile Dubois a fait appel aux sources et documents connus au moment de la rédaction de son ouvrage, en commençant par les témoignages de deux des grands témoins et acteurs de cette épopée. Ainsi il a consulté abondamment le *Journal historique par un témoin oculaire,* les *Mémoires* du curé Jacques Paquin et les Papiers du notaire Girouard.

Les « Archives d'Ottawa » de même que celles des archevêchés de Montréal et de Québec ont été dépouillées avec attention. Les Recensements du Canada et les récits de quelques militaires anglais (Beauclerk, Lysons et Maryatt) ont été parfois utilisés de même que les histoires locales (Allaire, De

Bellefeuille). Globenski *(La Rébellion de 1837-38 à Saint-Eustache)* a aussi été mis à contribution, de même que des historiens et journalistes connus comme Groulx, Chapais, Garneau, David, Bouchette, Decelles.

Par ailleurs, afin de retracer le climat social et politique de ces années difficiles, l'auteur se devait d'avoir recours aux journaux du temps. Il l'a fait avec bonheur en citant avec intelligence *La Minerve, The Vindicator, The Gazette of Quebec, The Montreal Gazette, The Montreal Herald, Le Foyer canadien, Le Populaire.*

Table des matières

Achevé d'imprimer en octobre 1998
sur les presses de Marc Veilleux
pour le compte des éditions du Méridien

Imprimé au Québec (Canada)